あんなに可愛い猫ですら
嫌う人がいるのに
みんなから好かれよう
なんて不可能です。

しろねこ
SHIRONEKO

フォレスト出版

はじめに

個性を生かし、個を尊重し合える時代、自由にのびのびと毎日を楽しむキラキラしている人たちをテレビやSNSでよく見かけます。
けれど、世の中にはコミュ力低めでメンタル弱めな人たちもたくさん存在します。多様性の時代とはいえ、あるいは多様性の時代だからこそ、やっぱりちょっと生きづらさを抱えているものです。

「しろねこ」こと、私自身もそんなタイプの「陰キャ」です。

家庭環境がちょっと変わっていた幼少期、友達はほんの数人しかいなくて、人からキツめに何か言われると落ち込んで、すぐ殻に閉じこもっていました。
そうかと思えば、やんちゃな自分を無理やり演じていた時期もありました。友達をたくさんつくり（今考えると、それは「友達」と呼べる存在ではなかったと思いますが……）、ちょっと悪さもして、先生に怒られて、そんないわゆる「陽キャ」が勝ち組くらいに思っていたのです。

社会に出ると、いわゆるブラック企業で過酷な労働環境に苦しめられました。パワハラを受けてもどんなに残業させられても、何も言えない。眠れない日々が続きました。それでも、「命まで取られるわけじゃない。大丈夫、大丈夫……」と呟《つぶや》きながら出社していました。会社を辞める勇気すらなかったのです。

けれど、今の私は、ほとんどストレスのない職場で働き、家に帰れば妻と子どもたちと過ごし、ときどきサウナに行って、お金持ちではないけれど穏やかに生活ができています。とても幸せです。

私がこんなふうに幸せに生きられるようになった理由は、自分の根底にある性格的気質は変わらないし、変える必要はないと思えたからです。

無理やり、陽キャを演じる必要も友達をたくさんつくる必要もないし、嫌いな人とつき合い続ける必要も地獄のような職場で働き続ける必要もない。

なにより自分自身を消耗させないことが大切なんです。

敵はつくらないように、人間関係を整理する。

自分にとって本当に必要な人を見極める。

自分を大切にしてくれる人や自分にとって身近で大切な人を大事にする。

苦しすぎる環境にあるなら、「逃げる勇気」を持つ。

ありのままの自分でいる。

「ない」ものより、「ある」幸せを数える。


根暗でメンタルが弱く、つらい経験もたくさんしてしまう私たちですが、心地よく生きていくための戦略はあると思うんです。

その戦略を私なりに言葉にしてX（旧Twitter）に投稿し続けています。

もちろん、すべてが自分だけの経験を元にした完全オリジナルの考えや言葉というわけではありません。つらく、苦しい日々のなか、たくさんの本を読み、識者の話なども参考にしてつくり上げた言葉の数々です。


本書では、これまでに投稿してきた言葉の一部を抜粋・ブラッシュアップし、その言葉をつくった背景や意味、私自身の想いなどを書き加えています。

人間関係がいつもうまくいかない、人づき合いが苦手、どうしても明るく振る舞えない、職場の雰囲気がつらい、なんだか生きること自体が苦しい……。

そんな生きづらさを抱えているなら、しろねこの戦略をちょっとだけでも良いので参考にしてほしいと思います。

どうかみなさんの心が少しでも軽くなりますように。

CONTENTS

装丁·本文デザイン ● bookwall
イラスト ● ウエダのアトリエ
巻末デザイン ● 二神さやか
編集協力 ● 財部寛子
校正 ● 大江多加代
DTP ● 株式会社キャップス

第 1 章

人生で一番長いつき合いになるのは、やっぱり自分。自分を好きにならないなんてもったいないよ。

あんなに可愛い猫ですら
嫌う人がいるのに
みんなから好かれようなんて不可能です。
とくに何もしてないのに嫌われたら
「私のことを嫌うなんて変わった人だな」
そう心の中で呟いて
首を傾げておけばいいんです。

まんまるな目、ふさふさの毛、ぷにぷにした肉球、すりすりとすり寄ってくる姿、そうかと思ったら、突然ツンとして相手にしてくれなくなる。

こんなあたりが猫の可愛いところでしょうか？

そんな猫に対してでさえ、「興味がない」「なんか苦手……」という猫嫌いな人はやっぱりいます。

ましてや人間となると、万人に愛されるなんてとうてい無理な話です。

明るくて誠実で優しくて、ちょっとおっちょこちょいなところもあって、本当に誰からも好かれるような人もたまにいますが、そんな人のことですら嫌う人はいます。

そんな人を嫌うなんて、もしかしたら、その完璧な性格に嫉妬《しっと》しているだけかもしれません。

私の場合、子どもの頃は嫌われるべくして嫌われていたようなふしがありました。

しかし、大人になってからの私は、自ら敵をつくるタイプではなくなりましたし、もちろん、意図的に人を傷つけるようなこともしていません。完璧な人間なんかではありませんが、基本的に害のない人間だと思っています。

ところが、私が相手におそらく害を加えていないにもかかわらず、なぜか嫌ってくる人っているんですよね。

そんなときには、「何もしてないのに、人を嫌うなんて変な人だな」と思うようにしています。

理由もなく自分に対して嫌な言動や行動をしてくる人が現れたら、そんなときこそ、猫のように素知らぬふりをしてプイッとその場から離れてしまえば良いのです。

「あなたがそんな態度なら、もう遊んであげないにゃ〜。ばいばい」

という猫のような気持ちで、やり過ごしてしまいましょう。

「嫌われたらどうしよう」
なんて考え込まなくていい。
「私を嫌うなんて見る目なさすぎて草」
これくらいの感覚で人づき合いをしたほうが
精神衛生的に良いのはもちろんですし、
そういった強気な姿勢は
多くの人たちに対して結果的に
好意的な印象を与えるものです。

とにかく、みんなから嫌われないようにすることは不可能です。

それなのに、「嫌われないように、嫌われないように」と考えたり行動したりしていると、人からはおどおどしているように見られて、余計に嫌われてしまうのかもしれません。

おどおどしていると、悪い人につけ込まれやすくなります。人をいいように扱う悪い人って、自分にとっていいように使えそうな人や弱気で優しい人をかぎ分ける能力を持っているんですよね。

だから、何もしていないあなたに対して態度が悪かったり、意味不明に毛嫌いをしてくる人がいたら、「この人、人を見る目がないんだな」「ああ、話が通じない人なんだな」「もしかして、理解力がないのかも」というくらいに強気な気持ちでいたほうが良いと思います。


もちろん、自分が悪いことをしたなら真摯《しんし》に反省するべきですし、自分が絶対に正しいとばかり思うのもダメだとは思います。

けれど、悪くないなら自己否定する必要なんてありません。

日頃からちょっと自分磨きをして、自分のいいところを見つけて、自分なりの理想に向かって少しばかり努力をしてみませんか?

そうすれば、人の目はあまり気にならなくなるし、嫌われることを気にしすぎることもなくなると思います。

とにかく、自分を嫌ってくる人がいたら、相手に対してはやや上から目線の強気な気持ちを持って、そして自分を肯定してあげましょう。

きっとあなたに好意を持ってくれている人はたくさんいるはずですから。

「他人からどう思われるか」よりも
「自分を好きでいられるか」のほうが
人生において圧倒的に大事だと考えています。
「自分」と一番長いつき合いになるのは
「自分以外の誰か」ではなく
「自分自身」です。

私は子どもの頃、とても暗い性格でした。そんな性格の自分が嫌いで、無理やり明るく振る舞っていた時期もありました。最終的には、「明るく」を通り越してとてもやんちゃな自分を演じ、学校の先生からはよく怒られていました。

あるとき、そんな私に対して先生はかなりひどい言葉を浴びせてきたのです。

「お前がいるとまわりのみんなに悪影響だ」

「学校をやめたほうがいい」

――救いとなったのは母の存在です。

母は、私が小さな頃から私が何をやっても否定することはありませんでした。悪く言えば「甘い」のかもしれませんが、いつも私のことを肯定して大事に育ててくれました。学校の先生から暴言を浴びせられたときも、「そんな学校に行く必要はない」と強く言ってくれたのです。

今考えれば、先生が悪かったのではなく私が悪かったのですが、どんなときにも味方をしてくれた母がいたから、私は自分のことを好きでいられる人間になれたような気がします。母から自分の愛し方を教わっていたのかもしれません。

もし、母の存在がなく、ずっと自分のことを「嫌い、嫌い、嫌い……」と思っていたとしたら、今も悲惨《ひさん》な毎日を過ごしていたかもしれません。

また、その頃の「やんちゃな自分」は、やっぱり本当の自分ではなかったことにも気がつきました。やんちゃなタイプの人は、じつは今でも苦手です。

自分らしい自分で生きること、そんな自分を好きでいることが大切です。

なかなか自己肯定感が上げられない人にとっては、「自分を好きになる」とは、酷《こく》な言葉かもしれません。

しかし、これまでの人生の中には小さくても成功体験はきっとあったはずです。その成功体験を元に自分を好きになる良いスパイラルに入ってほしいと思います。

少しでも自分のいいところを見つけて、少なくとも「自分のことを嫌いじゃない」という状態に持っていってあげてくださいね。

人生で一番長くつき合うのは、
「友人」や「家族」ではなくて「自分自身」。
決して自分を雑に扱わないでください。
栄養のある食事を摂って
湯舟にゆっくりと浸かって
あたたかい布団でぐっすり寝ること。
まずは自分を大切にしてあげてください。

自分の人生にとって家族はとても大きな存在ですが、両親やきょうだい、配偶者、子どもよりも長くつき合い続けるのは、自分以外の何者でもないんですよね。

だから、やっぱり自分自身で自分のことを大切にしてあげなくてはいけないんです。

ただ、〝自分を大切にする〟方法がよくわからない人も多いかもしれません。たまには高級フレンチを食べたり、海外旅行に行ったり、高価な時計を自分にプレゼントしたり……。

もちろん、お金と時間を使って贅沢《ぜいたく》することも自分を大切にする1つの方法でしょう。

けれど、自分を大切にするのはもっとかんたんで良いと思います。

たとえば、

早起きして公園を散歩しよう。

旬の食材をたくさん使った料理を食べよう。

図書館でのんびり読書しよう。

好きな香りの入浴剤を使ってお風呂でリラックスしよう。
お風呂上がりに気分が落ち着く音楽を聴こう。
ふかふかの布団でゆっくり寝よう。

こんなことで十分だと思います。
毎日、時間に追われて忙しく生活している人も多いはず。だからこそ、あえてゆっくり自分を労《いた》わる時間をつくりましょう。それだけで自分を大切にしてあげていることになると思います。

「ないもの」を数えることで
生まれる「不満」。
「あるもの」を数えることで
気がつく「幸せ」。
当たり前だと思い込んでいる日常の中には、
思った以上に幸せの欠片が
ちりばめられているものです。

私はけっこう「ないもの」を数える派でした。

基本的に、ネガティブなことは意識しなくてもどんどん目についてくるものです。

動物的な本能として、人間にも危険察知能力は残っているはずです。危険を察知するためには、ネガティブなことに気づいていかなければなりません。だから、ネガティブな情報を考える時間が多くなるのだと思います。


その半面、ポジティブなことはなかなか考え続けにくいものです。

さらに、身のまわりにあるポジティブなことも、日々当たり前のこととして受け止めてしまっているので、あらためて気づくことも難しいのだと思います。


病気がなく健康的に毎日過ごすことができている。

家族がいて穏やかに暮らしている。

仕事があってそれなりに生活できている。

気の合う友達とときどき会って、くだらない話をする。

ごはんをきちんと食べている。

たまに旅行に行く。

これらを「ポジティブなこと」「幸せなこと」だと意識することは普段はないかもしれません。

当たり前すぎて「あるもの」として数に入れていないんですね。

だから私は、意識的に「あるもの」を数えるようにしています。そして、「ああ、幸せだな」と口に出して言ってみます。人から「最近、どう?」と聞かれたときも「調子いいよ」と言います。すると、けっこう良いスパイラルに入っていくんです。

これは、中国の哲学者である老子の教え「足るを知る」ということだと思いますし、あるいは引き寄せの法則なのかなとも思います。

少しスピリチュアルな感じになってしまいますが、言葉は神様へのオーダーだとも思っています。

たとえば、ファミリーレストランに行って、ハンバーグを注文したとします。提供されるまでにいつもよりも時間がかかることがあるかもしれません。けれど、注文したハンバーグは必ずテーブルに届きます。

神様へのオーダーも同じです。「幸せ、幸せ」と言っていたら、時間がかかったとしてもいつかきっと「幸せ」は自分の元に届くのです。「不幸だ、不幸だ」と言っていたら、そのうち神様から「不幸」が届けられるような気がしませんか？

「ないもの」は自動的に数えられます。
「あるもの」を意識的に数えていきましょう。

1秒1秒、幸せを噛みしめて生きていくほうが絶対に幸せだと思います。

優しさというのは
自分の心をまずは満たして
そこから自然と溢れ出た余剰分を
おすそ分けするというのが健全な形です。
自己犠牲は決して美徳ではありません。
ない袖を振り続ける行為は
自分を確実に壊していきます。

「シャンパンタワーの法則」という言葉を聞いたことがある人は多いと思います。

一番上の1段目のグラスが自分、2段目のグラスが家族、3段目のグラスが友達、4段目のグラスが会社の人……などと、シャンパンタワーを社会生活に照らし合わせて考える理論です。

一番上のグラスにシャンパンが満たされると、溢れたシャンパンは下へ下へと流れていきます。すべてのグラスがシャンパンで満たされると、キラキラしてとてもきれいに見えますよね。

けれど、一番上のグラスが空で、下のほうのグラスにだけシャンパンが入っているとどうでしょうか？　全体的な美しさは得られません。

やっぱり自分が満たされることが先決なのです。自分が満たされると余裕が生まれます。その余裕がシャンパンタワーの下へ下へと流れていくシャンパンです。その溢れた余剰分が、家族や友達、ひいては社会全体の笑顔や幸せを増やしていくと思っています。


責任感が強い人は、会社でも誰よりも無理をして仕事をしているかもしれません。

まわりの人に「大丈夫？」と聞かれても、「大丈夫、大丈夫！」と言ってしまっているかもしれません。そんなふうに文句も言わずに仕事をするあなたを見て、まわりはどんどんあなたに甘えていきます。

そんなことをしていたらいつか自分がパンクします。

家族においても同様です。両親、夫や妻、子どもなどはとても大切な存在です。だから、自分を犠牲《ぎせい》にしてまで家族のために頑張ってしまいがちです。

けれど、無理をして身体を壊してしまったら、それ以上家族を助けることはできなくなりますよね。

やっぱり、自分を満たしてあげてこそ、家族も大切にできるものです。

きれいなシャンパンタワーをつくり上げるためにも、1人1人が、まずは自分を大切にすることから始めませんか？

「自分は頑張れてない」と
自分を責めてしまう人に伝えたいのは、
「頑張れてない」という理由で
自分自身を責めたりするような人は
間違いなく頑張って生きているということです。
十分すぎるほど頑張っている自分を
まずは自分が認めてあげてください。

まわりからどう思われているかわかりませんが、私はけっこう頑張るタイプの人間です。休日でさえダラダラできず、家の掃除や筋トレなどいろいろな予定をぎゅうぎゅうパンパンに組み込んでしまいます。

それが苦痛というわけではないのですが、たまにはダラダラしてみたほうが良いかと思って、何もせずに休日をゆっくり過ごすこともあります。

ところが、ダラダラ過ごした日の終わり、「今日1日、人生何も先に進まなかった」とか「自分、頑張れてないな」などと思ってしまい、良い気分で眠りにつくことができないのです。「頑張ってない自分」を認められないんですよね。

自戒にもなりますが、休日までいろいろ頑張ってしまうような人は、その時点で頑張り屋さんだと思いますし、そんな人が休日にちょっとダラダラしただけで「頑張れてない」なんて思う必要はないということです。

「頑張った」という尺度は人それぞれだとは思いますが、おそらく「頑張れてない」と思う時点で頑張り屋さんです。

たまには「息してるだけでえらいじゃん」と思う日があっても良いと思います。

自分で自分を粗末に扱っていると
他人からも粗末に扱われるようになります。
すでに散らかっている場所は
「ここは散らかして良い場所だ」と思われ、
さらに散らかされていくのと同じ理屈です。
自分に対する自分の態度はあなたに対する
周囲の態度にも影響を与えます。

ジョージ・ケリング博士というアメリカの犯罪学者が提唱した「割れ窓理論」をご存じですか？

街の中で、建物の割れたガラスをたった1枚放置していただけで、どんどんほかの窓ガラスも割られていき、最終的には町全体が荒れてしまうという理論です。これは、小さな犯罪を見逃さないことで、大きな犯罪も防げるという考えです。

もう少し身近な例で言うと、ゴミひとつ落ちていないきれいな道と両脇にゴミの山がある汚い道があるとします。

それぞれの道を歩いているとき、手元にどうしても捨ててしまいたい紙切れや空のペットボトルがあったらどうしますか？

本当はどちらの道でもゴミは捨てるべきではありませんが、ゴミの山がある汚い道なら、「まあ、これくらい捨ててもいいか」という気持ちになる人は少なくないのではないでしょうか？

これは〝自分自身〟という人間に対しても同じことが言えると思います。

たとえば、外出するとき、身だしなみを整えて、姿勢を正して歩き、出会った近所の人に笑顔であいさつをしていると、周囲の人にはとても印象良く見えると思います。

しかし、ボサボサの髪の毛にヨレヨレのスウェット、目線はいつも下で誰とも目を合わさない。そんな姿では、なんだかあやしくて近寄りたくない人と思われるでしょう。

見栄えの問題というわけではありませんが、やはり小ぎれいにしておくことは自分を大切にしていることになると思います。そうやって、自分自身を大切にきれいに扱ってあげることで、まわりの人からも大切に扱ってもらえるようになるのです。

とにかく嫌われないように
人の顔色を常にうかがいながら
演じるように生きていれば
他人からはあまり嫌われなくなりますが、
そんな偽りだらけの自分は
自分自身に嫌われていきます。

「ありのままの自分」がどんな自分なのかを考えるのは、案外難しいことかもしれません。

陰キャな私たちは、どうしても人の顔色をうかがいがちです。なかには、相手やグループなどに合わせて、自分のキャラを変えている人もいるかもしれません。けれど、「相手がどう思うだろう」「こんな自分に思われたい」といったことばかり考えていると、本当の自分や自分の理想、自分が好きなことや嫌いなことがだんだんとわからなくなってきます。

そんな毎日を過ごしていると、より一層「ありのままの自分」がわからなくなるものです。

そんな芯の通っていない自分なんて、嫌ですよね。

だから、ときどき自分自身に問いかけることをおすすめします。

自分の好きなことは何？
自分は毎日どんなふうに過ごしたいの？
自分はどうしてこの仕事をしているの？

自分はどうなりたいの？
自分の理想って何？

大人になればなるほど、人それぞれ登る山、人生という名の登山コースが違ってきます。

会社員を一生続ける人、脱サラして独立する人、会社を経営してたくさんの従業員を雇う人、生活の拠点を海外に移す人、投資で生活する人、社会貢献事業に力を注ぐ人、仕事よりも趣味に没頭する人、自給自足の生活をする人……。

どの山が良いわけでも、どの山が悪いわけでもありません。みんな登る山が違うので比べることは無意味です。

自分はどんな山を登っていきたいのかを考えるとき、人の顔色をうかがっていても自分の山は見えてきません。

何か努力をするときも、人のためばかりの努力になっていないかときどき振り返ってみてください。自分の山を登るための努力こそが、正しい努力だと思います。

自分の気持ちをないがしろにして
我慢に我慢を重ねていると
人は不機嫌な状態になりやすいものです。
これはどうしようもない人間の性《さが》ですが、
あなたの身近にいる大切な人に
不愉快な想いをさせないためにも、
自分の心の声を無視せずに
自分にも優しさを向けてあげてください。

ゲームでよく見る「ＨＰ」という表記。ＨＰ（ヒットポイント）が少なくなれば、敵からの攻撃に耐え切れなくなります。０になれば戦闘不能状態です。

人間の私たちの身体や心にもＨＰはあると思うんです。

人に嫌なことを言われても言い返せなかったり、会社のために必要以上に仕事をしたり、家族のために頑張りすぎたり……。

そんなことを続けていると、やっぱりＨＰはどんどん下がっていきます。

すると、心身に余裕がなくなり、不機嫌になります。

しかも、その不機嫌は、自分にとって大切な身近な人にほど向けがちです。自分のＨＰが下がって、大切な人を傷つけるなんて絶対に避けるべきです。

自分のＨＰが下がってきたなと思ったら、休むこと。

私の場合は、とにかく寝ます。大切な家族を傷つけないよう、散歩に出たりジムに行ったりして家族から少し離れることもあります。

我慢しすぎず、自分のＨＰを満たすこと。それは、大切な人を守ることにも繋がります。

「暴力による抑圧」
「繰り返される暴言」
傷つけられて心は泣いているのに
無理に笑わなくていいんです。
自己肯定感を下げてくるような相手からは
すみやかに離れること。
雑に扱われることに慣れてはいけません。

暴力や暴言であなたの尊厳を否定してくるような人間からは、すぐに離れるべきです。相手に合わせる必要も、相手のことを考える必要もありません。嫌なら嫌で良いし、無理なら無理で良い。面白くないなら笑わなくて良いのです。

そもそも、自分の感情と逆の行動をすることは相当キツいことだと思います。本当は泣きたいくらいすごく悲しいのに、街中や電車の中で溢れてくる涙をグッとこらえた経験がある人は多いと思います。あるいは、その場の空気を乱さないために我慢して笑顔でい続けた経験をした人もいるでしょう。

そんなことだけでもつらいのに、自分の尊厳を否定してくる人間の前で気持ちを押し殺してヘラヘラする必要なんてありません。

暴力で人を抑圧しようとする人間なんて、まともではありません。「こいつなら勝てそうだな」「こいつ、文句を言わなそうだな」と、相手がやり返してこないことを見透かして、暴力や暴言に出ている場合がほとんどだと思います。

そんな人間の言いなりになっていると、暴力や暴言はどんどんエスカレートしていきかねません。

いつもチクチク嫌味を言ってくる、なぜかあいさつを返してくれない、横柄な態度

あなたに対して礼節を欠いている人との
関係なんて大事にしなくていいんです。
自己肯定感を下げてくる相手からは離れること。
雑に扱われることに慣れてはいけません。
誰が何と言おうと
あなたは大切にされるべき人間です。

を取ってくるなど、明らかに礼節を欠いてくる人がいます。

そんな人も、暴力をふるったり暴言を吐いたりする人と同じ類です。そんな人からもすぐに離れるべきです。

真面目で優しい人は、誰に対してもなるべくフラットに接しようと考えていると思います。

心がきれいな人は、まわりの人の心もきれいだと思いたいはずです。

けれど、やっぱり世の中にはいろんな人がいるものです。誰に対しても優しくフラットに接しようとした結果、いつも自分が傷ついてしまうんです。

自分に対して敬意を払わない、感謝もしない、いつも搾取《さくしゅ》していくだけ。こんな人にまで優しく接する必要はありません。

わざわざ嫌われる必要はありませんが、ある意味、関係を「切る」ことをしても良いと思います。

精神的に弱っている人が
弱音を吐いているときに
「正論」だけは絶対に口にしてはいけません。
受け止められない相手に向けて投げる
正しさという名の豪速球は、
ただただ相手の心を
さらに痛めつけるだけの行為です。

過去、私は半年ほど家に引きこもっていた時期があります。まわりの友達や知り合いは学校に行ったり仕事をしていたのに、自分は家にこもってずっとゲームばかりしていました。

そのとき、「若いんだからなんとかなるよ。なんでもいいから仕事をしてみなさいよ。きっとできるよ！」なんて人から言われたら、もっとつらい気持ちになっていたと思いますし、立ち直るまでにさらに時間がかかっていたと思います。

陰キャの人は、けっこう自己分析ができているものです。自分でもそんな状態が良くないことくらいわかっているんです。学校に行ったほうが良い、働いたほうが良いという気持ちや焦燥《しょうそう》感はあるのですが、どうしても行動に移せないだけなのです。

今、そんな状態の人がいるとすれば、こんなふうに伝えてあげてください。

「わかるよ、つらいよね。頑張りたいタイミングで頑張ればいいよ」

「頑張って！」とストレートに言うのではなく、大量のオブラートで「頑張って！」をぐるぐる巻きにした感じで、応援する気持ちを表現してほしいなと思います。

心の底から助けを求めている人は
「最初から手を差し伸べてくれない人」より
「中途半端に伸ばした手を引っ込めた人」に
強い怒りを覚えるものだと思っています。
「覚悟のない優しさ」というのは
ときに大きなトラブルを招くものです。

心が優しい陰キャな人は、苦しんでいる人の気持ちがよくわかると思います。助けてあげたいとも思うでしょう。

しかし、相手がたとえば強い自殺願望を持っているようなケースでは、かんたんに助けようと考えるべきではないかもしれません。

相手は地獄に堕《お》ちたような状態になっていますが、こちらはあくまでも安全圏にいる状態です。安全圏の人間が、地獄に堕ちている相手にどんな言葉をかけてあげればその人を救えるのでしょうか？　ちょっと優しい言葉をかけてあげたからと言って自殺したい気持ちがスッキリなくなるとは思えません。

それでも地獄から救い出そうとすれば、相手はあなたに思い切りすがって執着してくることもあるでしょう。そして、その強い執着にあなたが耐え切れなくなり、救い出すことを途中であきらめざるを得なくなることもあると思います。

救いの手を離してしまうと、相手があなたに執着している分、逆に嫌がらせをしてきたり、もっとひどい自殺行為を繰り返したりしかねません。

私の知り合いに、リストカットを繰り返す友人をなんとか立ち直らせようと必死になっていた人がいます。

助けを求められれば友人のところに行くのですが、ときに返り血を浴びたような姿で帰ってきたこともありました。最終的には、自分自身の心がひどく傷ついてしまっていました。

自殺願望がある人を本気で助けたいと思うなら、あなた自身も一緒に地獄に堕ちるくらいの覚悟が必要なのかもしれません。

中途半端な優しさは逆に相手にとっての「毒」になりかねないということです。

「課題の分離」という言葉がありますが、相手の難しすぎる問題にかかわるのなら覚悟を持って取り組むこと。そうでないのなら、あえて手を差し伸べない覚悟も持ってください。

「人の気持ちを考えなさい」
と言われて育ち、
つらいことから逃げ出さずに
我慢していた少年時代。
それなのに、
つらい環境から逃げ出さずに
我慢し続けた大人ほど心が病んでいく。
ほんと社会は謎すぎます。

声高に自分の意見ばかり主張する人や、能力以上に自分を良く見せようとする人ではなく、人の気持ちを考えて行動できたり、真面目にきちんとやっている人にフォーカスされる世の中になってほしいなと思っています。

小学生のときに「石の上にも三年」という言葉を学びました。

つらいことがあっても逃げ出さずに我慢して、そして頑張ったら褒めてもらえる。私には、それが正しいことと刷り込まれて育った一面があるように思います。

そのせいか、就職した会社が超ブラックな労働環境であったにもかかわらず、逃げずに頑張り、自分の心だけが病んでいったという経験があります。

人の気持ちを考えることはもちろん大切です。踏ん張って頑張らなければいけないときももちろんあります。ただ、そのバランスが大切だなと思っています。

人の気持ちを優先しすぎて、自分が我慢して頑張れば良いというのはちょっと違うような気がするのです。

我慢した先に何があるのか、自分らしい花を咲かせることができるのか？　そこまで考えて、自分に厳しくするべきだと思います。

最近の趣味はガーデニング。
パワハラを受けていたときは
花なんて視界にすら入りませんでした。
「花ってきれいだな」
今はそう思えます。
精神的に追い詰められていると
視野は狭くなるもの。
自分の気持ちと向き合う時間が
なにより大切です。

私の自宅では、庭にいろいろな花を植えています。わりと田舎に住んでいるので、散歩に出掛ければさまざまな花や雑草、木を見ることができます。

今の私は、そういった花や木を見て、純粋に「きれいだな」と感じます。

けれど、ブラック企業に勤めていたときの私は、花を見て「きれい」と感じるどころか、花そのものを見る余裕もありませんでした。

「明日も仕事……」と思うだけで、すべてが淀《よど》んで見えていたのです。

同じ花が目の前にあって、同じ花が視覚として入ってきているのに、「きれい」と思えるときもあれば、なんとも思えないときもある。それは心のありようを映しているのではないかと思います。

花をきれいだと思えたら、幸せを敏感に感じ取れる心があるのだと思います。そんな心を養うためには、体力的な余裕、健康的な余裕、時間的な余裕、金銭的な余裕などが必要になるのかもしれません。

けれど、なるべくストレスのない良い心の状態を維持していくだけでも、世の中のいろいろなことに対する見え方はきっと変わってくると思います。

自分の人生を歩んでいくためには
「他人の価値観や感情」ではなく
「自分の価値観や感情」に
従っていくことが大切です。

自分がワクワクする感情を大事にして、ワクワクする方向に進んだほうがエネルギーは湧いてくるものです。

これは私自身の人生の指針にもなっていることです。

別に嫌ではないけれど、そして方向性も間違っているわけではないけれど、それほどワクワクしないことに取り組んでいると、なんとなく飽きて楽しくなくなっていったという経験があります。

ましてや、価値観や感情を他人と比べる必要はありません。人生は競争ではないからです。他人の価値や感情よりも、自分の好奇心に従って進んだほうが成功する確率も高くなると思います。

まずは、自分が理想とする人生をしっかり決めてみることから始めると良いと思います。

どんなときも自分の「存在価値」だけは
否定してはいけません。
まわりと比べて
仕事や勉強ができなかったとしても、
それは「機能価値」の差であって
人としての「存在価値」を
左右するものではないからです。

ある精神科医の著書を読んでいたとき、「存在価値」と「機能価値」という言葉が出てきました。有名な心理学者のアルフレッド・アドラーが提唱した言葉のようです。

存在価値とは、その人の存在そのもの、その人らしさ、人となり、個性などの価値のこと。機能価値とは、その人の成果や技能、学歴、外見などの価値のこと。

どんな人にも、その人が存在する価値があり、その人を必要とする人はいると思います。

もしかすると、「本当に天涯孤独なんだ」と言う人もいるかもしれません。それでも、きっと誰かの、何かの、役に立っていると思うんです。

東野圭吾さんの小説『容疑者Xの献身』（文藝春秋）のなかで、「人は時に、健気に生きているだけで、誰かを救っていることがある」という言葉がありました。

誰にでも存在価値は必ずあります。今、もし絶望していても、きっとどこかの誰かに思われているかもしれない、誰かを勇気づけているかもしれません。

少しでも良いのでそんなふうに考えてほしいなと思います。

第 2 章

君はとても優しい人間だから
傷つきやすいんだ。
ほんの少しコツをつかめば、
きっと他人ともうまくいく。

大丈夫ではないのに
大丈夫な自分を演じ続けるのは危険です。
負の感情を溜め込みすぎた結果、
あなたの心が壊れてしまっては本末転倒です。
つらいときは「助けて」と声を上げて
まわりを頼る勇気を持ちましょう。

自分の心が弱っているところを人に見せることが苦手。無理だと思っても「助けて」と言うことに恥ずかしさみたいなものを覚えてしまう。

大丈夫じゃないのに、「大丈夫」と言ってしまう。

これらは陰キャな私たちの特徴ですが、長男長女の場合は、この特徴がより強く出る傾向があるかもしれません。私自身も長男として育ってきたせいか、頑張ってしまいがち、「大丈夫」と言ってしまいがちです。

そういえば、『鬼滅の刃』に登場する竈門炭治郎も長男ですね。優しくて、忍耐強くて、弱音を吐くタイプではありません。いつも「長男だから」と己を奮い立たせています。

以前勤務していたブラック企業では、仕事は確実にキャパオーバー、上司からはパワハラを受ける、そんなことが日常茶飯事で本当につらい毎日でした。

けれど、まだ若かったこともあって、「まだ頑張れる」と思い込んでいました。

また、すでに結婚して子どももいたため、「頑張らないといけない」というプレッシャーも勝手に感じていました。

とてもつらかったにもかかわらず、会社を辞めるという選択肢が思い浮かんでこなかったのです。きっと追い込まれて視野が狭くなっていたのでしょう。

元々は食欲旺盛な私ですが、そのときは食が細くなり、眠れなくなっていました。「寝たら、明日が来てしまう……」、そんな状態だったのです。病院に行って診察を受ければ、「うつ」の診断を受けていただろうなと、今では思います。

陰キャの私たちは、自己分析はけっこう得意なのですが、ときには自分を過大評価していることもあります。しかし、自分が思っている以上に〝落ちている〟こともあると思います。

「助けて」という言葉を吐くこと自体、勇気がいるかもしれません。けれど、キャパオーバーになって心身が壊れてしまったら、元の状態に戻すまでに時間もかかります。

こまめに自分を内観して、「きつい……」「つらい……」が6〜7割くらいになってきたら、「助けて」と言うべきです。

もちろん、弱音を吐く相手に配慮する必要もありますが、弱音を聞いてくれる友達や家族は、きっとあなたのことを大切に思っている人です。「弱音を吐かせて」と一言伝えて、助けてもらえば良いと思います。

とにかく、心身の疲弊マックスまで我慢しないこと。

ちなみに、あっさりと「愚痴《ぐち》聞いて」「助けて」などと言える人って、案外、人間関係を円滑に進めているんですよね。

メンタルが不安定な人の特徴。

「他人に期待しすぎ」

「他人に求めすぎ」

「他人と比べすぎ」

他人への執着を手放さない限り
心の平穏を手に入れることはできません。

人は人、　自分は自分。

相手と自分の境界線を認識して
オーバラインをしないこと。

仕事仲間でも家族でも友達でも、自分以外の人をコントロールなんてできません。「こうしてほしい」「ああしてほしい」といくら思ったところで、人を変えることはできません。

他人に期待しすぎ、求めすぎ、比べすぎは、相手を軸にした生活をしていることになります。だから、いつまでたっても自分の心の安定を得ることができないのです。

小さなお子さんを持つ親であれば、「勉強を頑張ってもらって、いい学校、いい会社に入ってほしい」「スポーツに秀《ひい》でた人間になってほしい」「誰にでも優しい人になってほしい」などいろいろなことを期待してしまうかもしれません。

もちろん、ある程度の期待は必要ですし、子どもの立場でも親からまったく期待されていないのはちょっと寂しいと思います。

けれど、やっぱり〝期待しすぎ〟は良くありません。自分の子どもであっても、子どもには子どもなりの人生があるからです。

自分と相手との境界線をしっかり認識して、相手を気にしすぎない、相手に干渉しすぎないことが、メンタルを安定させるコツです。

知らなくていいことを
知る必要はないんです。
ネガティブな好奇心を
満たそうとしないこと。
「知らないままでいる努力」は
自分の心に平穏をもたらします。

昨今は自然災害や戦争など、気持ちが暗くなるニュースが多くなりました。心の優しい陰キャの人たちは、こういったニュースを見て、自分のことのように悲しんだり傷ついたりしているかもしれません。

無関心ではいられない、自分は普通に暮らしていて良いのか、自分に何かできることはないのか、などといろいろ考えると思います。

けれど、あまりに気持ちが落ち込むのであれば、そういったネガティブな情報は少し遮断《しゃだん》しても良いと思います。

大変な思いをしている人たちを見放すというわけではありません。自分の心がそわそわするなら、いったん知らないままにして、まずは自分を守ったほうが良いと思うのです。

少し違った例で言うと、浮気をしていそうなパートナーのスマホを見るか見ないか。こっそり覗き見たところで、浮気をしているかもしれないパートナーのスマホから、「わーい！　うれしい！」なんて情報が出てくることはほとんどないような気がします。こういうときはたいてい浮気の証拠が出てきて、余計に落ち着いていられなくなるものです。もし証拠が出てこなくても、「浮気しているかもしれない」という疑念はきっと消えないでしょう。

ネガティブな好奇心にはなぜか惹《ひ》かれるものですが、そのネガティブな情報を知れば、結局自分が傷つくことになるだけです。

とくに自分の心が弱っているときは、知らなくて良いことやネガティブな情報はあえて収集しないように心掛けましょう。

「自分を大切にする」
「相手を大切にする」
この順番は守ること。
ない袖を振り続けることは、
人を思いやる形として健全とは言えません。
あなたの優しさを当たり前のように受け取り、
感謝もせず雑に扱うような
相手の笑顔のために、
あなたがその裏で
涙を流す必要なんてないんです。

まずは自分自身が満たされなければ、家族や友達、社会全体の笑顔や幸せも満たされていきません。これも、「シャンパンタワーの法則」です。

ただし、注意しなければならないことがあります。それは、自分がどんなに満たされていても、優しさを注ぐ相手を間違えてはいけないということ。

テイカー（taker）とギバー（giver）という言葉があります。

テイカーとは、いつも自分の利益ばかりを考えて、受け取ることに注力する人。ギバーとは、自分よりも相手のことばかり考えて、見返りを求めずに与え続ける人。

これについて、〝優しさ〟をたとえば〝お金〟に変えて考えてみましょう。

つき合いの長い友達が、「パチンコに行ったら負けちゃって、生活費がなくなったんだ。少しだけお金を貸してくれない？」と言ってきました。

優しいあなたは、次の給料日までの生活費の足しにと思って、3万円を貸したとします。

しかし、友達はその3万円をまたパチンコに注ぎ込んでしまいます。

「また負けたよ。君がかんたんにお金を貸してくれるからパチンコに使ってしまったよ。もう1回だけ、お金貸してくれない？」

こんな友達に渡した〝お金〟という優しさは、ドブに捨てたも同然です。

もちろん、人に優しくするとき、見返りを求めるものではありません。

けれど、人の優しさにも「総量」があると思います。自分ばかりが優しさを与えて、自分の負担がどんどん大きくなって、自分が苦しくなってしまうような優しさの与え方は間違っています。

テイカーにあなたの優しさを吸い取られないようにしてください。

心を病みやすい人には
「真面目すぎ」「働きすぎ」

「責任感が強い」

これらの特徴を持つ人が多いですが
これはよく考えたら長所とも言えます。

世の中は不公平。

心を壊すのは、誰よりも我慢強かった人。

割れたガラスは元には戻りません。

心が壊れそうなら逃げてもいいんです。

責任感が強い人は、職場で人が気づきにくい仕事に早めに気づいてしまって、きちんと片づけるタイプだと思います。そのときあなたがやらなくてもいずれ誰かが気づいてやってくれるかもしれないけれど、見つけたら放置はできず、その結果、働きすぎに繋がることがあります。

これは勝手に自分を追い込んでしまっているとも言えます。

私自身も働きすぎる傾向があって、働きすぎてもけっこう平気な一面もあるのですが、最近「本当は他人から評価されたくて真面目を演じているのかもしれないな」と思うこともあります。

ただ、責任感が強くて真面目に働きすぎた結果、心が病んでしまったという失敗を経験したことがあるので、やはり人生を会社に捧げるほど働きすぎる必要はないと思っています。

今の私は、基本的に残業はしないことにしています。責任感を持ってきちんと仕事をしていますし、残業が嫌なわけではありません。あと少し仕事を片づけておけばスッキリするというときもあります。けれど、残業はしません。

自分が働きすぎだと自分でわかっているからです。

また、いつ会社を辞めてもいいと思って仕事をしています。少なくとも、同業であればほかの会社でもやれるという自信とスキルを身につけ、1年くらい無職になっても生活できる資産を蓄えているからです。

そうすると、会社に対する「依存心」が減って、心に余裕が生まれるんです。

責任感が強い人、真面目な人は心を病みやすくて、壊れやすい。

責任感がない人、不真面目な人は心を病みづらく、飄々《ひょうひょう》と生きている。

本当は、前者の人たちが認められる世の中になってほしいと思います。けれど、世の中の仕組みを見る限り、なかなかそうはいきません。

真面目で働きすぎる人は、「縁の下の力持ち」を見抜ける上司がいる会社に出合えるといいなと思います。

そして、もしもブラックな会社で働いているなら、あなたが誰よりも早く気づいてしまった仕事にはあえて手を出さなくても良いと思います。

何事も「すぎる」は危険。
頑張るのは悪いことではないけれど、
オーバーヒートには注意。
責任感が強いのも悪いことではないけれど、
強すぎるのは自分を縛る鎖になります。
「自分いじめ」をしてはいけません。
方向性を見定めて、
負荷の加減も間違わないように注意を。

休日でもいろいろな予定を組み込んでしまってゆっくり過ごせない私は、泳ぎ続けないと死んでしまうマグロのようだなと感じています。

けれど、マグロではなく人間なので、ときには頑張りすぎてやっぱり気持ち悪くなる場合もあります。

そんなときは、「やりすぎてるな」「頑張りすぎてるな」と内観して、普段はあまり観ないアニメを一気観したりして、なるべくゆっくり過ごすようにしています。

そもそも頑張りすぎる、真面目すぎるという、「すぎる」が多すぎるのは、自分で自分をいじめていることになると思います。

「シクシクハハハ」という言葉を聞いたことがある人は多いのではないでしょうか？

シクシク泣く＝4×9＝36

ハハハと笑う＝8×8＝64

36＋64でちょうど100。

人生泣いている時間よりも、笑って過ごしている時間のほうが多いんだよ、という教えですね。

とてもいい言葉ではあるのですが、実際は、人生にはつらいことや悲しいことのほうが多いのかなとも思います。とくに年齢を重ねれば重ねるほど、新しい経験や楽しみが少なくなったり、身体を壊したり……。

「すぎる」人は、余計につらい時間が多くなってしまうような気がします。

もちろん、頑張ること、努力することは大切だし、素晴らしいことです。けれど、「すぎる」結果、努力の方向性を間違えることだってあります。

たとえば、自分を見下す人とつき合い続ける、ブラックな会社で働き続ける、興味がないことをやり続ける……。

無駄なことに「すぎる」を使わないでください。

「頑張りすぎているな」と思ったら、ちょっとペースダウン。そして、自分に「甘み」を取り入れることをおすすめします。

自信がない人の特徴は
「他人に気を遣いすぎる」
「他人への依存心が強い」
その弱みにつけ込まれ
雑に扱われることもしばしば。
他人軸ではなく自分軸で生きる意識を持つこと。
他人の評価に惑わされてはいけません。
あなたは誰が何と言おうと、
大事にされるべき存在です。

人に利用されがちな人は、なんとなく人の目線や言動を気にしていたり、目が泳いでいたり、おどおどしていたりすることが多い傾向にあります。

そのため、人を利用しようとする悪い人に「こいつはうまく使えるな」と見抜かれてしまいます。


私が以前勤務していた会社では、上司なのに部下から〝使われている〟人がいました。けれど、本人はいつもヘラヘラと笑っているんです。

大変失礼ながら、見ていて哀れな印象を受けましたし、幸せになれないマインドだなと感じていました。

やっぱり、自分がどうしたいのか、自分はどんな人間なのかという軸は持っていなければなりません。

自分軸がよくわからなくても、

「私、自分軸をちゃんと持ってますよ。あなたの言いなりにはなりませんよ」

という雰囲気を醸《かも》し出すことは、人につけ込まれないコツになります。

じゃあ、その雰囲気って……？

陰キャの私たちにとっては難しい問題かもしれません。

そこで、せめていつもより少しだけ大きな声でハキハキと話すことを心掛けてみませんか？

声量が大きい人は、それだけで威圧感があります。ボソボソと小さな声で話すのではなく、ハキハキと話すだけでもつけ込まれる隙を与えない戦略になると思います。

優しい人は他人の感情に対するアンテナが敏感。
　ドンッ！　と閉めるドアの音
　いつもより強い口調。
相手の心の状態を察して気を遣う自分を
「心が弱い」なんて責めなくていいんです。
　あなたは人の気持ちを想像し、
　気を配ることのできる優しい人。
あなたの心の繊細さは、短所ではなく長所です。

私は『ドラえもん』の、のび太みたいな少年でした。

女子からちょっと強めに注意を受けただけで学校に行けなくなるくらいに……。

そんな私はずっとジャイアンのような存在に憧《あこが》れを持っていたように思います。だから、やんちゃな自分を演じた時期もありました。

けれど、人をないがしろにしたり、言葉で人を傷つけたり、ましてや殴ったりするのは、まったくかっこいいことではありません。


今考えると、やっぱりのび太で良かったと思います。

私は今でも大きな音がするとビクッとしたり、人の機嫌が悪いことを察知しやすいほうです。

けれど、敏感であるということは感受性が豊かだということです。

敏感で繊細な性格は、自分の長所であると自信を持って前に進んでいきたいと思います。

自己主張しない人は都合良く扱われます。
相手に平気で酷《ひど》いことが言えるのは、
その人に依存しているということ。
「この人にはどんな酷いことを言っても大丈夫」
そう思われたら、
甘えという名の依存は加速していくばかり。
嫌なら嫌と意思表示をすること。
相手と自分の間の線引きを
突きつけることが大切です。

長いつき合いなのに、自分をぞんざいに扱う人がまわりにいませんか？

それは、相手があなたに必要以上に甘えているだけ、依存しているだけなのだと思います。

まったく信頼関係ができていないつき合いの浅い相手には、いきなり失礼な態度は取れませんからね。

しかし、いくらつき合いが長くても、

「この人なら、これくらい言っても許してくれるだろう」

「この人ならわがままを聞いてくれるだろう」

などと甘えられ、自分が傷つけられるなんていい迷惑です。


わかりやすい例で言えば「遅刻」です。

友達との待ち合わせで、いつも遅刻する側、いつも遅刻される側ってなんとなく決まっているものですよね。

遅刻する側の人間は、単純にだらしない性格なのかもしれませんが、「この人なら遅刻しても待っててくれる。遅刻しても怒らない」とたかをくくっているような感じがします。

私は、あまりに遅刻をされたら、「自分がちょっと下に見られてるな、雑に扱われてるな」と思うようにしています。

相手に甘えられすぎていると感じたとき、嫌なら嫌とはっきり言ったほうが良いと思います。

情が芽生えていたとしても、依存度があまりに酷いなら、相手はあなたに対して敬意を持っていません。

そんな友達とはつき合いをやめるという選択肢もあるかもしれません。

大丈夫です。

本当に性格が悪い人は、
人に優しくできない自分に対して
嫌悪感を抱いたりしません。
まずはしっかりと休んでください。
心身の疲れをいやすことで
本来の優しいあなたは
必ずあなたの心の中に戻ってきます。

どんなときもずっと人に優しくできる、ずっと良い性格でいられる人っていないと思います。

陰キャな優しい人たちも、自分の心身の調子が悪いときには、不機嫌になったり、ちょっと人にあたったり、キツいことを言ってしまったり、そんな経験があると思います。

そしてその後に、

「今日は人に失礼なことをしちゃったな」

「優しくできなかったな」

「自分って性格悪いな」

などと、後悔をしたり自己嫌悪に陥ったりしてしまいます。

でも、本当に性格が悪い人は、人を傷つけて落ち込んだり悩んだりしません。つまり、「自分って性格悪いな」と悩む時点であなたは良い人なんです。

それでも、やっぱり人を傷つけたくはありませんよね。

人に対してイライラするときは、きっと心が疲れているとき。だから、早めに回復するように心掛けることが大切です。

私の場合は、とにかく寝ます。それほど時間がなければ、ホットアイマスクでもつけて20分くらい倒れています。

そうすれば、心に余裕が戻ってきて、また優しさを取り戻すことができるのです。

ちなみに、ある程度のお金も心の余裕をもたらします。

たとえば、固定資産税や住民税の納付書が送られてきたとき、お金が手元になければ当然イライラします。お金に余裕があれば、一括年払いで心もスッキリします。

心もお金も、「貧すれば鈍する」です。

「断る勇気」を持つことは
メンタルを安定させます。
「環境」と「物事の捉え方」は
ストレスの総量に強く影響を及ぼしているので、
不快な環境を自分が拒絶できれば
受けるストレスが減って心の安定に繋がります。
自分の心を守るためにも
嫌なことを断る勇気は持っておきましょう。

なんだかんだ言って、日本という国に生まれただけでけっこう幸せだなと思っています。さらに健康に生きていればそれだけでラッキーです。

でもやっぱり、不幸ばかり感じてしまう人だっています。そんなときは、「環境」と「物事の捉え方」を見直してみると良いかもしれません。

よく言われるような例ですが、ちょっとした接触事故に遭ったとき、事故に遭ったことを不幸と感じるのか、それとも少しのケガで済んで良かったと思うのか。

自分のメンタルが保てないような環境で日々生活しているのであれば、どんなに小さな事故でも不幸に思ってしまいます。

居心地の良い環境で日々生活しているのであれば、「ああ、このくらいのケガで良かった」と思えるはずです。

居心地の悪い場所にいると、物事の捉え方はネガティブになっていきます。今ある幸せを感じることができなくなり、自分に「ないもの」ばかり数え始めます。

「いい仕事に就けない」
「性格が暗い」
「恋人がいない」
「友達が少ない」
「お金がない」
「何をやってもうまくいかない」

ネガティブな気持ちになって「ないもの」を数え出すと、どんな人だってキリがありません。
だから、心が壊れそうなほど居心地の悪い場所に対しては拒否し、居心地の良い場所に身を置くことを心掛けてみてください。

「暇すぎる状態」は
ネガティブ感情を無限増殖させます。
100メートル走で全力疾走している最中に、
現実の嫌なことを鬱々《うつうつ》と考えられる人はいません。
「過去の嫌な記憶」や「未来への不安」が
グルグル脳内を走り回って
気持ちが落ち込んできたら、
とにかく行動して暇な時間を
つくらないようにすること。

お笑い芸人のオードリー若林さんのこんな言葉に納得したことがあります。

「ネガティブを潰すのはポジティブではない。没頭だ」

私もかなり落ち込んだとき、仕事しかなくて、とにかく仕事に没頭したことがありました。

私たちは気持ちがネガティブなときに暇な時間を与えられると、きっとスマホばかり見てしまうと思います。すると、悲しいニュースなんかも目に入ってきて、鬱々とした気分に拍車がかかっていきます。

日々、ＳＮＳに投稿している私が言うのもなんですが、ＳＮＳに気を取られすぎるのも良くないように感じています。

そこで、ネガティブなときにもロボットみたいに動けるルーティンをつくっておくことをおすすめします。

たとえば、朝起きた後のルーティンとして、散歩に行く、庭の植物に水をあげる、飼っている金魚にエサをあげる、豆を挽《ひ》いておいしいコーヒーを淹《い》れる、ストレッチをする、部屋の掃除をする……などです。

かんたんなことで良いので、毎日決まったことを必ずやる習慣がついてくると、やらないとなんだかムズムズして気持ち悪くなるものです。

嫌なことがあったら、何も考えずに体を動かせるルーティンをつくっておくこと。

いわゆる「アクティブレスト」です。

動きながら心を休息させるテクニックを予《あらかじ》め身につけておきましょう。

「理由もなくイライラする」
こんなときは心身が弱っている可能性が高いので、
好きな物を食べて、とにかく寝る。
自分いじめはしない。
自分の機嫌は自分で取る。
客観的に自身の状態を判断できるうちに
先回りしてしっかりと休息を取り入れること。

牛丼屋さんでキムチ牛丼を食べて帰る。
回転ずしでお腹いっぱいおすしを食べる。
息子と銭湯に行く。

これはメンタルが落ちてきたな、機嫌が悪くなってきたなと感じたときにやってくる私の小さなご褒美です。

私は、心身の調子が悪くなるとまず寝るのですが、好きな物を食べることもかなり重要だと思っています。

年齢を重ねて寝たきりの状態になった人も「あれを食べたい」「これを食べたい」と言うことはよくあります。

人生には「食べる」という欲望が、かなり大きなウエイトを占めているのだと思います。

だから、ちょっと健康には良くないジャンクな食べ物だったとしても、疲れたときは好きな物を好きな場所で好きなだけ食べることで、笑顔を取り戻すことができます。

ちなみに、「お金を貯めて回転しない高級ずしを食べに行こう」「1年後に休暇を取ってディズニーランドに行こう」といった大きなご褒美も、メンタルを上げるために良い方法だと思います。

ただ、ちょっと先が遠すぎる目標では、テンションを保ちにくくなる可能性もありそうです。

ちょっと機嫌が悪くなったとき、すぐに手軽にできる「小さなご褒美」をつくっておくと良いと思います。

心の痛みというのは
他人と比べるものではありません。
「世の中にはもっと苦しんでいる人がいる」
この言葉は今あなたが感じている
「しんどさ」を
否定していい理由にはなりません。

「そんなのたいしたことないよ」
「そんなことで落ち込むの？」

苦しんでいるとき、心の内を明かした相手にこんな言葉を返されたら、陰キャの私たちはさらに傷つき、より一層苦しくなります。

引きこもっていた過去の私について、今の私なら「なんであのくらいのことで苦しんでいたんだろう」「全然たいしたことじゃなかったのに」と思えます。

しかし、当時の私は、「死んだほうがいい」と思うくらい絶望的な気持ちで苦しかったんです。

そんなときにやっぱり、冒頭のような言葉を投げかけてくる人がいました。そうすると、誰かにちょっと話してみようかなという気持ちはなくなってしまうものです。「大丈夫だよ」と寄り添って話を聞いて、動き出すのを待ってほしいと思います。その優しさはいつか心のエネルギーに変わって、最後はきっと自分で動き出すことができるようになるはずです。

「つらいのはみんな一緒」
「もっと大変な人はいる」
やっとの思いで弱音を吐いた人に対して
突き放すような言葉は禁句。
同じような体験をしたとしても
感じ方は人それぞれ。
その人にはその人の痛みがあるんです。

人の気持ちの「ものさし」の長さって人それぞれなんですよね。

あっちの人のものさしで測ると1メートルあっても、こっちの人のものさしで測ると20センチしかないことだってあるんです。

ものさしの長さにかかわらず、その人が苦しいと言っているなら苦しいんです。

もちろん、自分よりもっとつらくて苦しい思いをしている人、大変な人はいると思います。きっとそれが正論でしょう。

それなら、世界の中で「つらい」「苦しい」「大変」の1位にならなければ弱音を吐いてはいけないのでしょうか？　そんな無理な話はありません。

どうしてもつらいなら弱音はやっぱり吐いたほうが良いのです。

「大変だったね」と言ってくれる相手に話を聞いてもらうこと。

相談された人は、つらい気持ちをすべて理解できなくても、「大変だったね」と言ってほしいなと思います。

真面目に頑張っている人が
正当に評価されますように。
自分自身が幸せになることよりも
自分以外の幸せを心から願い
自己犠牲すらもいとわないような、
本当に優しい人が
幸せになれますように。
そんな世の中でありますように。

見てくれている人は見てくれている。
誰も見てくれていなくても、自分は見ている。

仕事でもなんでも、何事もこんな気持ちで取り組むようにしています。
そもそも世の中は、真面目に頑張っている人が正当に評価されるとは限りません。
むしろ、真面目な人が損をすることのほうが多いかもしれません。

職場でも、人がいる場所では一生懸命働くけれど、誰もいなくなれば手を抜いて不真面目になる人がいます。こんな人のほうがもしかしたら楽に生きられるのかもしれません。

だからと言って、自分も不真面目になってズルをする……？

「自分が不真面目なことをした」「自分がズルをした」ということは自分でわかるわけですから、それで評価されたとしても、結局、自己肯定感は上がらなくなります。

「真面目にやっている」と言えば、嘘をついていることになるので、堂々と胸を張って生きることができなくなります。

頑張っている人のことを見てくれている人は必ずいるし、ズルいことをしている人を見ている人も必ずいるはずです。

誠実でいること。そのほうが自分自身も気持ち良く過ごせます。

そして、誠実なあなたを見て、正しい評価してくれる人はきっとどこかにいると信じています。

第 3 章

しょせん仕事は
人生の暇つぶし。
苦しすぎるなら、
いつ逃げ出してもいいんだよ。

新しい会社で働き始めて
まだ日の浅い段階で、
仕事の内容ではなく
社内の人間関係を教えてくる人は
大体ヤバい人です。

新しい環境に身を置いたばかりのとき、当然知り合いはいませんから疎外感を覚えるのは当たり前のことです。ですから、相手にしてくれる人がいると、つい心を許してしまいがちです。

しかし、そこはやはり慎重になっておく必要があると思います。

私が新しい会社に勤め始めたとき、初日からいきなり親しげに話しかけてくる人がいました。

「○○さんはこんな人だよ」「○○さんと○○さんはじつはつき合ってるって噂があってさ」「○○さんは○○さんのことが嫌いなんだよね」「○○さんは仕事でよくミスばっかりしてさ～」などと、いろいろな情報を教えてくれるのです。

こちらも、相手にしてくれる人がいるちょっとした安心感もあり、自分のこともつい話しすぎてしまいました。

ところがその人、私のいないところでは、私の話を少し悪いほうに脚色してほかの社員に話していたようなんです。

よく考えればその通り……。

人の話をあれこれ私にしてくるなら、その逆だってあり得る話です。

いきなり距離感をぐっと縮めてくるなんて、人間関係構築のルールがちょっとズレている人です。

新人に仕事のことよりも、仕事とは関係のない人間関係の事情ばかりを教えてくるなんて、そもそも優先順位が間違っています。

ある程度人のことがわかるようになるまでには、せめて3カ月くらいの期間は必要なのかもしれません。

相手の距離感の取り方に違和感を覚えたら要注意。どんなに優しくされてもすぐに信用しないほうが良いと思います。

仕事を教わるときの心得。

「メモを取ること」

「知ったかぶりをしないこと」

自分のために時間を
使ってくれていることを意識しましょう。

そして、最大限の覚える努力を。

新人さんに仕事を教える立場からすると、一生懸命メモを取って仕事を覚えようとしている姿はなんか良いなと思います。

教わったことを1回で完璧に覚えて、きちんと仕事ができるようになるかと言われると、もちろんかんたんなことではないと思います。

同じことを何度か聞いてしまうときだってあるはずです。けれど、一生懸命な姿が見てとれれば、こちらとしては仕事を覚えるまではある程度答えてあげようという気持ちになります。


しかし、メモも取らずに「ああ、それは前職で経験があるからわかりますぅ」というような態度の新人には、正直ちょっとムカつきますね。

最近は、メモではなくボイスレコーダーに録音する人もいると聞いたことがありますが、それで仕事が覚えられるのでしょうか？

そんななんとなく横柄な態度を取る人、知ったかぶりをする人に限って、仕事ができない印象があります。

人から何かを教わるときには、やっぱりきちんと自分の手でメモを取って、真摯な態度で、早く覚える努力をすることが大切です。

そうすれば、教えてくれる相手とも気持ち良く仕事ができると思います。

経験則なんですが、

出社前に「まだ大丈夫」と

自分に言い聞かせている時点で

「もう大丈夫ではない」ので、

その環境から逃げ出したほうがいいです。

本当に「大丈夫」なとき、自分に対して「大丈夫、大丈夫……」と言い聞かせないと思います。

本当は大丈夫じゃないのに、「私、まだやれるよね……?」と、自分に無理やり問いかけて、大丈夫と思い込もうとしている状態なのだと思います。

以前、勤めていたブラックな会社で、私はよく1人でサービス残業をしていました。そんな毎日を送っていたある日、別の部署の人に「大丈夫?」と優しく声をかけられたことがありました。そのとき、思わず涙が溢れそうになったんです。

そこでやっと、自分は限界なんだ、追い詰められているんだと、認識しました。

会社というのは、組織としての上下関係や主従関係はあっても、人間としての主従関係はないはずです。少なくとも私はそんなふうに考えています。

自分の生活やメンタルを犠牲にしてまで働き続けないでください。

自分に「大丈夫、大丈夫」と言い始めたら、限界が近づいているのかもしれないと思って、冷静に判断してください。

「自分の代わりはいない」と思って
心身にムチを打ちながら働いていたけれど、
自分が辞めたところで会社は潰れませんでした。
仕事上の自分の代わりはいます。
会社はあなたが壊れても助けてはくれません。
最終的に自分を守れるのは自分だけです。

とにかく、自分の心身を壊されるような会社は、すぐにでも辞めるべきです。

「自分が辞めたら、この仕事をやる人がいなくなってみんなが困るかも……」

「きちんと引き継ぎをしてから辞めないと、取引先にもきっと迷惑がかかる……」

そんなことを考える必要はありません。たしかに、頑張り屋で真面目なあなたが急に会社を辞めてしまったら、困る人は絶対にいるはずです。けれど、たぶん、その会社が潰れることはないんです。きっと、なんとかなるものです。

だから、心身が壊れるほどつらいなら、辞めれば良いのです。

「次の仕事が見つからなかったらどうしよう」と思うこともあるかもしれませんが、案外、次の仕事も見つかるものです。あなたの人生は、その会社のためにあるわけではありません。

だから、いつでも辞められるように、普段から自分の市場価値を上げる努力をしたり、視野を広く持つことを心掛けたりしておくとより良いと思います。

サービス残業とは、
自分の命（＝時間）に労力を添えて
無償で会社に差し出す行為です。
自分の命の使い方には
こだわっていきたいですね。

いずれ自分も「死」を迎えることはわかっていても、若い頃は「死ぬ」というイメージができなくて、なんとなく命が無限にあるような気すらしていました。

しかし、だんだんと年齢を重ねていくと、やっぱり命は無限ではなくて、自分の時間＝命であることをしっかり意識するようになってきました。

だとすれば、お金が支払われないサービス残業なんて、命の無駄遣いです。

そもそも視野を広〜くして考えると、仕事は人生の「暇つぶし」みたいなものです。

私が会社を辞めたとき、有休を消化するために1カ月くらい何も仕事をしていない期間がありました。

最初の1週間くらいはけっこう充実した毎日を楽しめたのですが、だんだんと暇を持て余すようになってくるんですよね。そんな状態が3カ月、半年、1年も続けば、さすがに何か仕事をしようという気になると思います。

そう考えると、結局、仕事は暇つぶし。

暇つぶしに命を懸けるのはやめましょう。

健康を犠牲にしてまで
仕事なんてしなくていいんです。
とくに心はガラスみたいなもので
壊れたら修復は難しいから、
自分が壊れる前に逃げましょう。
逃げることは恥ずかしいことじゃありません。

1週間のうち5日は、毎日、毎日、仕事。それが、基本的には何十年も続きます。仕事は、長距離マラソンのようなものです。

それなのに、短距離走のような勢いで仕事をしていれば、必ず身体は壊れます。それが、会社のための理不尽な頑張りであれば、心まで壊れてしまう可能性があります。

けれど、つい「大丈夫です」「できます」「やっておきます」と言ってしまいがち。

私自身も、何か仕事を頼まれると「大丈夫ですよ〜」と言いがちですが、最近は、「大丈夫ですよ〜」と言った後でも、ちょっと考えるようにしています。「あ、やっぱり無理だな」と思ったら、ちゃんと後で断るようにしています。

自分の心身の健康を犠牲にするような頑張りは必要ありません。

そんな場所から逃げても、全然恥ずかしいことではありません。自分の健康を守れるなら、むしろ積極的に逃げれば良いと思います。

長く走り続けるためには、健康が第一です。

過酷な労働環境で
壊れそうになっている人に必要なのは、
「苦しみを麻痺《まひ》させる能力」ではなくて
「苦しい環境から逃げる能力」です。
心身を壊してまでしないといけない
仕事なんてありません。

過酷な労働を続けていると、その苦しみを感じないようにしてしまうことがあります。苦しみの感覚が麻痺すると、そこから逃げる気力まで奪われてしまいます。

給料は、つらい仕事をした結果の対価ではありません。

顧客に何かしらの価値を提供してよろこんでもらうことでお金をいただき、それが給料に反映されるものだと思っています。

お金をもらうために、苦しみは必ずしも必要ないんですよね。

そう考えると、仕事は長い人生の「暇つぶし」であると同時に、「他者貢献」の役割も担っているように思います。

アドラー心理学に関する書籍を読んでいると、「他者貢献」という言葉が頻繁に出てきます。

人間には誰かに貢献したい、誰かに必要とされたいという根源的な欲求がありますが、そこに自己犠牲は含まれません。他者貢献は、自分の価値を感じるためにするべきこと、といったような内容です。

この他者貢献という欲求が満たされると、心も安定させられると思います。そして、その欲求を満たすための手段の1つが仕事なのかもしれません。仕事を通じて、いろいろな人の役に立つ、人によろこんでもらうことができるからです。

なるべく自己犠牲のない他者貢献ができる仕事を選びたいところです。

また、人は死ぬときに「『もっと仕事をしておけば良かったな』という後悔はしない」という言葉を耳にしたことがあります。

最期に後悔するとしたら、「もっと旅行に行っておけば良かったな」「家族との時間をもっと大切にすれば良かったな」といったことがほとんどなのだそうです。

暇つぶし感覚の仕事で他者貢献をすれば、後悔は生まれなくなると思います。自分が苦しくなるような仕事を無理してする必要なんてありません。

「明日は仕事……」

寝ると朝がすぐ来てしまうから怖くて眠れない。
あの人が職場にいると思うと苦痛で仕方がない。
考えただけで息が詰まる、　吐き気がする。

こんな状態なら、
早めにそこから逃げたほうがいいです。
心身を壊してまで
続けないといけない仕事なんてありません。

今の私は、心身が疲れてきたなと感じたら、すぐに寝るようにしています。

けれど、その「寝る」という行為ができなくなったら、アウトです。

ブラックな会社に勤務しているとき、眠ることが怖くなった私ですが、そんな状態がじつは4年間ほど続いていました。

今なら、さっさと辞めれば良いと思えます。

けれど、当時の私は、新しい会社を見つけることや自分を必要としてくれる会社があるのかということに不安があり、さらに人間関係を一から構築し直さなければならないことを面倒にも思っていました。

あんな最悪な職場にもかかわらず辞められなかったというのは、もはや正常な判断ができていなかったのだと思います。

しかも、その4年間は20代のときのことでした。人生、何歳になっても価値はあるものですが、それでも若いときにしか得られないことがたくさんあったはずです。

「自分はそんな大事な時期に何をしていたんだ……。早く辞めていればもっと有意義に過ごせたかもしれない……」と、後悔しています。

何度でも言います。

自己犠牲はダメ。

「私はこんなに働いているのに」

「なんで私ばかり」

こう思い始めたら赤信号。

責任感は素晴らしいけれど
無理なら無理でいいんです。

仕事が回らないのは
あなたのせいじゃありません。

サービス残業をしていて、「私はこんなに働いているのに、なんでみんなはもっと働かないの!?」と思い始めるパターンもあると思います。

しかし、「私はこんなに働いているのに」となると、これは健全な状態ではありません。まわりと自分を比較していることになり、さらに「みんなもサービス残業くらいしなさいよ!」という強要の思いが湧いてきているからです。

もう少し言い方を変えると、まわりに「働け!」と心の中で攻撃しているとも言えるでしょう。

給料に見合った働きをして、それ以上働くか働かないかは人それぞれです。

自分だけ勝手に頑張って、まわりの人に対してイライラしたりムカついたりするのはお門違いです。

「私はこんなに……」と思い始めたら、「自分は頑張りすぎている」と思ってください。自分の頑張りすぎをセーブしてください。

サービス残業をしなければ業務が回らないのは、あなたのせいではありません。

上司から人格を否定され続けた過去。
　思考停止寸前。
　　我慢の限界。
堪忍袋《かんにんぶくろ》の緒が切れました。
　「もう、辞めます」
唖然として、焦り出す上司。
手に入れたのは穏やかな毎日。
逃げる勇気が未来を好転させたんです。

我慢し続けた4年間、上司からいつも理不尽な説教をされたり、こき使われたりしていました。今考えると、人格否定され続けていたと本当に腹が立ちます。

そしてある日、私はプツンと切れました。プツンと言うよりも、正確には自分の中で覚悟が決まっていて、辞めるきっかけがやっと巡ってきた状態だったように思います。あのとき、激しい口論になったことを覚えています。

修道女の故・渡辺和子さんの有名な著書に『置かれた場所で咲きなさい』(幻冬舎)があります。

「置かれた場所で咲きなさい」とは、とても素敵な言葉だとは思います。けれど、もしも自分の心身が壊れそうな環境にいるのだとしたら、その場所で無理に花を咲かせようとする必要はないと思います。

そもそもいつまでたっても花は咲かせられないのではないでしょうか?

私は、4年間、花を咲かせることなんてできませんでした。

あの場所から離れた今、自分らしいきれいな花を咲かせられていると思います。

「お前に期待してなければ怒らない」
と怒鳴られた後に言われたことがあります。
今ならはっきり言えます。
それは感情のコントロールが
できない自分を正当化しているだけ。
「叱る」と「怒る」は違います。
あと、私の名前はお前ではない。

前職の上司は、私を怒鳴りつけるたびに「お前のために言っているんだぞ！」と口癖のように言っていました。

本当に私のためを思っているのなら、「怒る」のではなく「伝える」必要があると思います。あるいは、怒るのではなく「叱る」べきだと思います。

「怒る」と「叱る」は似ているようですが、「怒る」は自分の感情を爆発させているイメージで、「叱る」は相手の過ちについて冷静に教えてくれているイメージがあります。「怒る」と「叱る」を混同してはいけません。

相手が怒っていると、怒られているほうはビクビクして「怒っている」という情報しか頭に入ってこなくなります。冷静に叱られれば、相手の意図を受け取ることができると思うのです。

怒る上司は、自分の感情のコントロールができない未熟な人間です。

意味不明な怒鳴り声は、右の耳から左の耳へ聞き流せるようになりたいものですね。

不機嫌ハラスメント。
通称「フキハラ」。
何だかしかめっ面の上司がいます。
話しかけづらい。
連携不足で仕事の効率も下がります。
何より息苦しい。
感情の波は仕事に
持ち込まないようにしてほしいものです。

働いていると、「この人、今日はやけに不機嫌だな……」ということがありますよね。「もしかして、自分のせいかも……?」と気になりますが、この場合、たいていあなたのせいではないと思うので、気にする必要はありません。

不機嫌ハラスメントという言葉が登場しているほどですから、勝手に不機嫌になっている人のほうが悪いと思います。

私の職場にも、家庭で何か問題があると、会社でイライラする人がいました。仕事上の問題でイライラしているならまだしも、家庭のことを会社に持ち込むなんて、本当に子どもだなと思います。

赤ちゃんや小さな子どもは、気に入らないことがあると泣いたりわめいたりします。自分の気持ちや状況を伝える方法がそれしかないからです。だから、大人たちは子どもの不機嫌の原因を見つけて解決してあげようとしますよね。

けれど、大人は赤ちゃんではないのだから、自分の機嫌は自分で取ってほしいものです。

不機嫌な人は、まわりに気を遣ってもらい、機嫌を取ってもらいたいのかもしれませんが、ここはスルー一択です。それで、良いのです。

「頑張れ」と言われるより
「頑張っているね」と言われたほうが、
人は頑張れたりするものです。
認められることは、
心の原動力になります。

「頑張れ」という言葉は、「自分は『頑張っていない』と思われているのかな？　まだまだ頑張れていないから、もっと頑張らなくてはいけないのかな？」と思ってしまいます。

「頑張っているね」という言葉は、「自分は『頑張れている』。認められている」と思うことができます。

なんだかんだ言って、人間には「承認欲求」があるんですよね。

「頑張れ」も悪い言葉ではないのですが、「頑張っているね」のほうが認められている感じがして、もっと頑張ろうかなと思えるものです。

できれば、いつも頑張っている人には「頑張っているね」と声を掛けてほしいと思います。

もちろん、自分自身にも「頑張れ」ではなく「頑張っているね」と声を掛けてあげてください。

いのちだいじに。
受け止めきれない攻撃は
受け止めなくていいんです。
「あなたはそう思うんですね」
魔法の呪文を心の中で唱えて
スルーすればいいんです。
心を守るのに必要なのは
「打たれ強さ」より「しなやかさ」。
回避する能力を高めていくこと。

ロールプレイングゲームの『ドラゴンクエスト』シリーズに、オート戦闘の機能があります。「ガンガンいこうぜ」「おれにまかせろ」「じゅもんつかうな」「いのちだいじに」などの作戦です。

たとえば、「ガンガンいこうぜ」は、とにかく敵を倒すことに注力して攻撃しまくります。「じゅもんつかうな」は、攻撃を受けたときに体力を回復する呪文や相手を攻撃する呪文を使わず、装備している武器だけで戦うといったイメージです。

そして、「いのちだいじに」。

「いのちだいじに」はその名のとおり、攻撃よりも命を守ることを優先する作戦です。ＨＰがなくならないよう、敵の攻撃をうまくかわしながら丁寧に戦います。

私たち人間も、身体や心のＨＰがどんどんなくなっていくような働き方や人づき合いではなく、「いのちだいじに」する生き方が必要だと思います。

だから、気に障ることを言われたりされたりしたときには、まともに受け止めず、「あなたはそう思うんですね」という呪文をオートで発動して、さらりと流せるようにしておきましょう。

また人の評価や気持ちは、案外コロコロ変わるものです。何か嫌なことを言われてもスルーできるスキルを身につけておくことのほうが得策です。

そしてスルースキルを上げていくためには、自分の価値観を信じること、自己を確立させておくこと、自分自身の感覚を磨いて大切にすること。

かすり傷だってたくさん負えば、大きなダメージになってＨＰがなくなってしまいます。小さな傷を負い続けないよう、攻撃はしなやかにかわしていきましょう。

第 4 章

陰キャだって
もっと幸せになれるから。
嫌われることを恐れるより、
大切な人を大事にしよう。

大切な人からのプレゼントは
「何をもらったか」よりも
それを選んでいるときに
「心の中に自分がいたこと」が
何よりもうれしかったりします。
大切な人があなたのことを大切に想う気持ちに
装飾は施《ほどこ》されていませんが、
それに勝るプレゼントなんて
世の中にそうそうないですよね。

正直、自分が好きな物や自分のセンスは自分が一番よくわかっているので、本当に欲しい物は自分で買ったほうが効率は良いとは思います。今の時代、インターネットでポチッとやればすぐに手に入れることができますしね。

それでも、好きな人や大切な人からプレゼントをもらったときにうれしいのは、その人がプレゼントを選んでいるときに、自分のことを考えてくれているからなのだと思います。

この色、好きそうだな。
これ、似合うかな。
これをあげたら、びっくりするかも。
きっとよろこんでくれるよね。

どんな〝もの〟かではなく、自分を思ってくれる〝気持ち〟が最高のプレゼントになるんです。

たとえば、自分が死んだときのお通夜やお葬式などの場で、みんながどんな話をしてくれるかも同じようなことだと思います。

「大きくて豪華な家に住んでいたよね」「高級車に乗っていて立派だったよね」「お金をいっぱい持っていて羨《うらや》ましかったね」などと、持っていた〝もの〟についてみんなで話されるような人生だったとすると、あまりうれしくはない気がします。

それよりも、「この人は本当に心が優しい素敵な人だったよね」「あのとき、助けてもらったから今の自分があるんだ」「いつも正直で誠実だったね。尊敬していたよ」などと、自分という人間について語ってもらえたり、あるいは言葉にはならなくても自分が亡くなったことを悲しいと思って涙を流してくれたりするほうが、よっぽど価値があって、うれしいと思うはずです。

亡くなった私の祖母が、敬老の日にひ孫が描いた絵を見たり、お土産に私が買って行ったたい焼きを食べたとき、とてもよろこんでいたことを思い出します。「ひ孫が描いた絵を届けてくれた」「一緒に食べるためにたい焼きを買ってきてくれた」、その気持ちがうれしかったのだと思います。

本当に大切な〝もの〟って、だいたい目には見えないものです。

心軽やかに生きるコツは
「他人との比較」と
「不要な人間関係」を手放すこと。
人と比べるのは本能のようなもの。
完全にやめるのは難しいけれど、
これらに執着すると自分を不幸にします。

私は無宗教ですが、お寺が好きで仏教に関する本をよく読みます。そういった本には、よく「執着は捨てなさい」といった内容のことが書かれています。

私も手放すべきだと思っている執着がいくつかあります。

まず、他人との比較です。たとえばSNSは、露骨に他人との比較に執着した存在のように思います。

きれいな景色、おいしそうな料理、かわいいペット、友達との海外旅行……。映え写真とともに「こんなに素敵な経験をしているのよ。どう？　いいでしょ？」と、マウントの取り合いをしているゲームのような気がしてきます。

マウントを取られているような気になるなら見なければ良いのですが、やっぱり見てしまうし、見てしまったらやっぱり「充実してていいなあ……」と思ってしまうものです。

けれど、キラキラで素敵に見える投稿も、その人の生活のほんの一部を切り抜いただけ。だから、羨ましいなんて思う必要はないし、ましてや自分と比較する必要なんてありません。

本当に、いらぬ執着です。

それから、不要な人間関係も切るべきです。自分が他人のために使える時間は限られています。だから、私の人間関係は〝浅く広く〟ではなく〝深く狭く〟を大切にしています。

「豊かな人間関係を持っている人は幸福度が高い」といった内容の論文を読んだことがあります。きっと、つき合いをおろそかにはできない〝深い〟人間関係をいくつ持っているかということが、幸せな人生を送るために必要なのだということだと思います。

だから〝浅い〟人間関係に執着する必要はありませんよね。

悩んだり苦しんだりするのは、何かに執着しているからかもしれません。不要な執着はどんどん手放していきましょう。

手放すと人生が好転するのは
「他人からの評価」
「家の中の不用品」
「無駄なプライド」
「気分が下がる人間関係」
こんなものを抱えているのなら、
少しずつ手放していったほうがいいんです。

執着をしていなくても、冷静にまわりを見ると不要なものがたくさん見えてきます。

「他人からの評価」の代表、SNSはもはや言うまでもないですね。コメントや「いいね」なんかあってもなくても問題ありません。

「家の中の不用品」は、気づくとどんどんいろんなものが増えていきます。1年に1回の大掃除のときくらい、不用品を思い切り手放してしまいましょう。

そして、物を買うときにも注意が必要です。私は、自分が本当に気に入った物、絶対に欲しいと思う物しか買わないようにしています。

絶対に欲しければ、どんなに金額が高くても買うようにしています。逆に、それほど強く欲していなければ、どんなに安くても、セールをしていたとしても買いません。どうせゴミになってしまうからです。

「無駄なプライド」は本当に邪魔です。仕事でわからないことを教えてもらいたいのに、「今さらこんなことを聞くと仕事ができない人って思われるかな……」「これって、みんな当たり前に知っていることかも……」などと、わからないことをそのままにして知ったかぶりでもしようものなら、自分の成長機会を失うどころか、後で大きな恥をかくことがあるかもしれません。

あるいは、「あの人には絶対に負けなくない！」「この人にこんなこと言われるなんて腹立たしい！」などと意地を張っていると、人との衝突を招きかねません。

「気分が下がる人間関係」を持ち続けるのは、時間の無駄です。家の中に不用品がたまっていくと物を置くスペースがどんどんなくなっていくのと同様に、不要な人間関係が増えれば、自分の時間や心のスペースが奪われていきます。

「得る」ばかりでは自分自身が埋もれていきかねません。

どんどん手放して、不要なものをそぎ落としていくと、きっと自分が本当に必要としている本質的なことだけが残っていくと思います。

ありのままの自分を出した結果
あなたから離れていく人は、
あなたの人生には必要ない人です。
自分という人間をさらけ出したうえで
途切れなかった繋がりの中にこそ
大切にすべき「縁」はあるものです。

「ありのままの自分」を出していくことは、勇気が必要なことかもしれません。

だからこそ、自分らしく生きて、自分らしく振る舞っている自分から離れていく人を、無理に繋ぎとめる必要はないと思います。


「こんなことを言ったらどう思われるだろう」

「ちょっと失礼なこと言っちゃったかな」

「もしかして嫌われたかな」


などと、過剰に考えなければならなかったり、ちょっとびくびくしたりする相手と無理につき合っていく必要はないのです。

もちろん、自分勝手に振る舞って嫌われることを「良し」としてはいけません。そんなことをしていると、本当にみんなから嫌われて、まわりから誰もいなくなってしまいますからね。

嫌われても良い前提として、自分をしっかり磨いて、自分の質を底上げしておくことが大切です。

そうすれば、自分に必要のない縁は消えていき、本当に必要な価値のある縁が必ず残っていくはずです。

そもそも、大人になると自分の自由な時間は限られてきます。だから、友達は最小限で良いとさえ思っています。

たとえば、それなりにつき合っている友達が１００人いれば、友達と会う自由な時間を１００等分することになりますよね。たくさんの友達がいればいるほど、１人とのつき合いがすごく浅くなってしまいます。

自分の大切な時間を使うために、本当にふさわしい人が厳選されていって、残るべき人が残れば良いのです。

自分を嫌うような人間に時間を割く必要なんてありません。

「去る者は追わないほうがいい」
これは人間関係の真理です。
無理に関係を繋ぎとめる行為は
「労力」「時間」「自信」を
あなたから奪っていきます。
去る者はどうしても去っていくし
残る人は残るのが「ご縁」というものです。

家族がいようと友達がいようと、結局、人間というのは独りで生まれて独りで死んでいく。孤独なんですよね。

人間はそもそも孤独だということに向き合うことができれば、他人や縁に必要以上に執着することもなくなっていくと思います。

孤独の中で得た家族や友達は、たまたま同じ方向に向かって歩いている人であるだけです。同じ方向に歩いていくけれど、人生を歩んでいくのはやっぱり自分自身でしかありません。

私には、ちょっとしたいざこざから数年もの間、親友と連絡を一切取り合わなかったという苦い経験があります。

口論の原因は些細《ささい》なことでした。親友だと思っていたからこそ言いすぎました。その後、会う機会がなくなって連絡を取らなかったのですが、ずっと心の片隅でその親友のことを気にかけていました。

しかし、やっぱり親友であることに変わりはありません。あることがきっかけで再会を果たし、再び縁を取り戻すことができたのです。

だから、誰かといったん離れてしまったとしても、お互いに相手を思う気持ちがあるなら、再び引かれ合うときが訪れると思います。

お互いの心の中に相手がいること、これが「縁」を成立させる条件だと思います。

ちなみに、去る者は「去る」と決めているので、こちらがどうあがいてもどうにもなりません。

自分らしく振る舞っている、そんな自分から去っていく者を追うと、自分らしく振る舞えなくなる可能性がありますから、自己肯定感を下げることにもなります。

やっぱり去る者を追うのは、やめておきましょう。

人間関係を壊す決定打になるのは、

「衝動的な態度」

「余計な一言」

から生まれる場合が多いものです。

反応する前に一呼吸を置くこと。

私が親友とのいざこざで数年間も連絡を取れなくなってしまった理由が、まさに、この「衝動的な態度」と「余計な一言」でした。

喧嘩のきっかけは、親友にちょっとマウントを取られたような気がしたことです。いつもなら受け流せていたはずなのに、そのときの私にはちょっと余裕がなくて、衝動的に余計なことを言ってしまいました。

本当に縁を切りたい相手なら、言いたいことを衝動的に言ってしまっても良いと思います。嫌なことをされたら、嫌な態度で返して良いと思います。

そうしなければ、本当に嫌だと思う相手なのにつき合いが続いてしまって、あなたばかりがみじめな思いをすることになるからです。

けれど、縁を切りたくない、良好な人間関係を保ちたいと思う相手なら、「一呼吸」置くことが大切です。

心理学や自己啓発などの分野でよく言われるように、イラッときたときにこそ、次の行動や言動に出る前にちょっとした「空白」をつくらなければなりません。

卓球でたとえると、ポンポンポンポンポンと軽快にラリーをするのではなく、飛んできた球をいったん止めてから丁寧に打ち返す、みたいな感じです。

そもそも人間は動物と違って、反射的に行動するだけでなく、いったん考えることができる生き物です。

まわりの動物を見ていると、人の姿が見えただけでさっと走って逃げたり、パンッと音がしただけですぐに飛び立ったりしますよね。しかし私たち人間は、何かが起きてもいったん確認する行動を取ることができます。

イラッとしたりムカついたりしたときも、言い返すのをちょっとだけ待ってください。

ほんのちょっとの空白が、人間関係を大切に育んでいく要素になると思います。

初対面の相手に対して
「なんか受けつけない人だな」
と感じたのならば、
その直感は高確率で当たっています。
最初から関係構築をあきらめたほうが
基本的には賢明だと思います。

なんか合う、なんか合わない。これは理屈ではありません。


なんか好きな人は、理由がなくても好きだから嫌いになるのが難しい。

なんか嫌いな人は、理由がなくても嫌いだから好きになるのが難しい。


これも縁なのだと思います。


初対面のときに感じた印象や勘もけっこう当たるものです。

初対面で、「この人ちょっと無理かも……」と思うなら、初めからあまりかかわらないほうがいいと思います。

もし、どうしてもかかわらないといけないなら、「この人とはうまくいかない」とあきらめながらつき合う、あるいは心をシャットダウンしてロボットのように接することをおすすめします。

無理な人とは適切な距離を保っておけば、接触事故を起こすこともなくなります。

あいさつをしたのに露骨に無視されたら
「この人はインコより知能が低いのか……」
こう思えば少しは気が紛れます。

「オハヨー」
「カワイイネ」
「コンニチハ」
「アソボー」
「オヤスミ」

言葉をたくさん覚えたインコとは、なんとなくきちんとコミュニケーションが取れているような気がします。

人間はそんな賢いインコよりもずっと知能が高い動物です。それなのに、インコにできるあいさつすら露骨に無視をして返さない人間がいます。

陰キャの私たちは、人見知りだったりコミュ力低めだったりして、うまくあいさつを返せない人もいますが、それなら「コミュニケーション苦手だよね、わかるよ」と、その気持ちを理解することができます。

一方で、悪意のある無視もはっきりわかるんですよね。

上司や先輩に対してはヘラヘラしてあいさつするくせに、ちょっと下だと思ってい

る相手には横柄な態度を取る人なんかです。

だけど私は、露骨に無視してくる相手にもいつもあいさつをするようにしています。

あいさつを返してくれないからといって、嫌な気持ちになる必要はありません。なぜなら、あいさつすることは常識で、あいさつを無視する人が非常識なだけだからです。

じつは、あいさつを無視する人にもあいさつを続けることは、一種の攻撃みたいなものだと思っています。ちょっといじわるな考え方ですが、「あの人、あいさつを無視してる……」と、周囲からの評価を下げさせることにもなるからです。

あいさつはどんな相手であっても、自分からするものだと思っておきましょう。

相手が返してくれなくても、自分からあいさつをすることはやめないほうが、後に自分を助けてくれます。

疲れない人間関係をつくる方法は
素の自分を見せること。
「本当の自分」を押し殺していると、
偽りのあなたと波長が合うと
錯覚した人たちが集まってきます。
あなたがありのままに生きていれば、
価値観が近い人たちが
自ずと集まってくるものです。

「類は友を呼ぶ」とはあまりにもメジャーな言葉ですが、生きやすい人生を送る1つの手掛かりになると思います。

当たり前ですが、「この人、なんか変だな。なんか嫌だな」と思う相手と過ごすのは楽しいことではありません。

ましてや、その変な相手に自分を合わせていると、自分自身も「変な人」と思われかねません。

ついでに、自分のまわりに「変な人」がどんどん集まってくるかもしれませんし、最終的にはあなた自身が「変な人」になってしまう可能性もあります。

ただし、「本当の自分」「素の自分」とはいえ、ありのままに自分を出しすぎたり、自分の意見を遠慮なく言いすぎたりするのは、たんなる自己中《じこちゅう》です。どんなに仲が良い相手でも、振る舞い方のちょうど良い塩梅は必要です。

自分を磨き、適度に本当の自分を出せる価値観が近い人と一緒に過ごすことで、幸福度は上がると思います。

「くだらないこと」を
話せる相手というのは
意外と貴重な存在だったりします。
「くだらないこと」を
気軽に話せる相手の正体は
「自分にとって大切な存在」
である可能性が高いのです。

小学校・中学校・高校・大学時代、友達とたわいもない話をすることができていた人は多いと思います。本当にくだらない、どうでもいいことをダラダラと何時間も話すことができていました。

また、「これから遊びに行ってもいい?」「いいよ~」といつでも気軽に会えていたでしょう。

そんなふうに過ごしてきた小学校や中学校からの同級生の人数を全部合わせると、何百人にもなるかもしれません。しかし、大人になっても気兼ねなく会って話をする友達は、その何百人のうちのたった数人だと思います。

けれど、そんなたった数人の友達とは、今でも本当にくだらない話をすることができます。

そこには「心理的安全性」が担保されていて、

「この話をしたらどう思われるかな」

「こんなこと言わないほうがいいかな」

といった余計な心配や憶測は存在しません。

職場での仕事のやり取りや情報交換が、必要なコミュニケーションだとすれば、友達とのくだらない話は、不必要なコミュニケーションです。そんな不必要なコミュニケーションを取れる人は、きっと自分と相性の良い人ではないでしょうか？

年齢を重ねると、くだらない話をする新しい友達ができる機会はかなり減っていきます。

新しい友達ができたとしても、くだらないとは言い切れない、ちょっと内容のある話をしてしまうものです。

今、当たり前のように不必要なコミュニケーションを取っている人がいるなら、自分にとって大切な存在なんだな、とときどき思い返してみましょう。

「なんだか雑に扱われ始めたな」
と感じたらその人とのつき合い方を
見直すタイミングです。
大切にしてくれない人は大切にしない。
この考え方を胸に刻んで生きることで、
あなたを取り巻く人間関係は
良い方向へと向かっていきます。

長いつき合いの友達でも、なんとなく馬が合わなくなってくることはあるものです。

会っても適当に扱われるようになった気がする、会うとなんか疲れるようになった、そもそも会うこと自体に気が乗らなくなってきた……。

人間関係は、ずっと同じであり続けることはないと思います。自分も変わるし、相手も変わる。お互いの波長が合わなくなってきたのかもしれません。

自分のことを雑に扱う相手と関係を続けていると、自分の存在を承認されていないような感じがして、みじめな気持ちになっていきます。一緒にいて本当につらいなら、そんな人間関係はさっさと切るべきだと思います。

「最近、この人といてもつまらない」

「本当は会いたくないけど、しぶしぶ会っている」

などと内心思っているなら、その人と会っているあなたの時間を無駄にしていることになります。

ただ、長いつき合いで情も生まれていると、そうかんたんに切ることはできませんよね。そんなときは、少しずつで良いので距離を置いて、徐々にフェードアウトしていくしかありません。

時間と距離を置けば、再び馬が合う関係に戻れることだってあるかもしれません。

ちなみに、私の気が乗らないつき合いの代表が「同窓会」です。

同窓会は、昔の仲間と会える魅力的な場だと思います。SNSなんかを見ると、久しぶりに会った仲間や思い出の場所が投稿されていたり、昔を懐かしむコメントが書き込まれていたりして、とてもキラキラして見えます。

けれど私の場合は、不特定多数との繋がりを求めているわけではありません。自分の人生に必要で、「会いたい」と思う友達とは常日頃から会っています。だから同窓会は、自分にとって必要のない人間にわざわざ会いに行く場とも言えるのです。

もし同級生の中に自分をいじめていたような人がいて、同窓会に行ったらまた悪意を向けられるんじゃないかと思うような場合は、なおさら行く必要はありません。

自分が行きたい場所は自分で選択できます。情けない、みじめな思いをする場所なんかに行かないでください。

厳しいことを言います。
人を憎み続けても幸せにはなれません。
「許す」とは相手のためではなく、
自分を呪縛《じゅばく》から解き放つための行為です。
最大の復讐《ふくしゅう》は、
相手の存在を頭から追放して
あなたが幸せになることです。

心の中に、どうしても許せない人はいますか？

「人を憎むよりも許すことが大切だ」などという言葉もよく耳にしますが、本当に憎い相手を許すことができるのは、相当な強さがある人間だけでしょう。

普通は、何かあるたびにその人のことやつらかった出来事を思い出して、イライラしたりムカついたりしてしまうものです。

しかし、そうやって憎しみ続けているということは、その憎い人間を自分の頭の中にいつまでも住まわせているようなもの。ある意味、相手に支配されていて、負けているのと同じだと思っています。

だから、「あいつ、マジで嫌い！」「二度とかかわってやらない！」と決めて、頭の中からデリートするように心掛けてみませんか？

そして次にやるべきことは、自分が幸せになることです。

自分がめちゃくちゃ幸せになれば、憎い相手のことはあまり気にならなくなります。過去のネガティブな経験も、「あの経験があったから今の自分がある」と思えるようにもなるはずです。

「この人、好きだな」
と思える相手は、
あなたの大事にしたい存在だと思います。
「この人と一緒にいるときの自分が好き」
と思える相手も、
あなたにとって大事な存在である
可能性が高いです。

恋が始まるとき、好きな人と一緒にいるとドキドキします。「この人、好きだな」という想いに溢れている時期ですね。

けれど、つき合いが長くなると、ドキドキは次第になくなっていきます。だからと言って、「この人、好きだな」という想いがなくなったわけではありません。

むしろ、その人といることでいつも穏やかな気持ちになり、そんな状態でいられることをいいなと思えるようになっているはずです。

「この人と一緒にいると落ち着く」
「この人と一緒にいるときの自分が好き」

と思える相手は、あなたにとってかなり貴重で大事な存在なのだと思います。

恋人でも友達でも家族でも、自分が落ち着ける相手だと気づいたら、誰よりもその人のことを大切にしてあげてください。

どうしても理解できない相手は存在します。
どちらが正しいとかではなく
「この人とは生まれた星が違うんだ」
と思うようにしています。
地球人から見れば宇宙人だとしても、
宇宙人から見れば地球人も宇宙人。
いらぬ衝突を避けるためにも
住み分けをしていくこと。

どんなことに対してもいろいろ深く考えすぎる私は、学生時代、まわりのみんなも自分と同じようにいろいろなことを深く考えているのだろうと思っていました。

「この人、もしかしたら怒っているのかもしれない」
「あの人、少し悲しげな表情に見えたけど、つらいことでもあったのかな」

などと、相手の様子を見ていろいろ考えていると、もしかしたらこの自分の考えに対しても、相手があれやこれやと思考を巡らせているかもしれない……と、考えがぐるぐるループするのです。

お互いがお互いの心を読み合っているような、もっと言えば、自分のコピーがまわりにたくさん存在しているような感じです。人気作品の『DEATH NOTE』に登場するキラとエルの心理戦を1人でやっているようで、とても生きにくかったです。

けれど、世の中みんなそれぞれ考え方や感じ方、価値観は異なります。自分のコピーがいるなんてあり得ませんよね。

自分と同じようにみんなが考えているわけではないとわかったとき、まったく理解できない相手が現れても、「ああ、自分とは違うんだな」と思えるようになりました。価値観が全然違うのに、擦り合わせようとするから苦しくなってしまうのです。

どうしてもわかり合えない人に対しては、同じ日本語を使う日本人だったとしても「日本語が通じていないんだな」とあきらめるしかありません。そもそも、生まれた星が違うと思っておけば、考え方が通じないのも納得がいきます。

宇宙人と地球人のように、最初から境界線をきちんと見極めれば、きっと生きやすくなると思います。

いじられやすい人は優しい人だったりします。
本当は傷ついていても
表面上は笑顔を装っていたりします。
でもね、それに気づかずに
相手を傷つける言動や行動を繰り返すのは
いじりではなくてただのいじめなんですよ。
優しい人の心が限界を迎える前に
その痛みに気づいてあげてほしいです。

お笑い番組を見ていると、とくにいじられキャラの芸人さんっていますよね。いじられた芸人さんの反応が面白くてつい笑ってしまいますが、これは〝プロ〟のいじりであって、素人が真似するものではありません。

いつもみんなを笑わせるタイプの人がいますが、誰かをいじって笑いを取っているなら、それはずるい笑いの取り方です。楽をして笑いを取っていると思います。

なにより問題なのは、いじられた人が傷ついているかもしれないということ。表面上は笑っていたとしても、本当はめちゃくちゃ悲しい思いをしているかもしれません。

そもそも、いじられやすい人は、あまり怒ることがなくて優しい人。いじる人からすれば、石を投げても投げ返してこない安全な人なんです。

人とは、お互いに敬意を持ってフラットに話せる関係であってほしいと強く願っています。

そして、自分の目の前で人をいじる人がいたら、まわりがどんなに笑っていてもそのいじりに乗っかってはいけません。私の場合は、いじりを完全にスルーして、話題を違う方向に持っていくように心掛けています。

人の不幸を蜜の味に感じたら、
心が味覚障害に陥っているのかも。
人の不幸に過剰に執着して
「ざまあみろ」と嘲笑《あざわら》う姿は、
「自分は不幸です」
と公言しているようなもの。
人の幸せを心から
よろこべる人でありたいですね。

人の良くない噂話というのは、なんだかんだと盛り上がるものですが、人の不幸をよろこぶなんて悲しいことです。

「人の不幸は蜜の味」と言いますが、これが当てはまるとき、自分自身が良くない状態であることを知る指標になります。

もし自分が幸せで満たされていたら、他人のあれこれにそれほど興味を抱くことはないと思います。人が幸せであろうが不幸であろうが、自分の幸せで手いっぱいですからね。人のことなんてそんなに気になりません。

友達や同僚が勉強や仕事で成功すれば、心から「おめでとう」という気持ちを持って、幸せをともによろこびましょう。そんな幸せな状態であれば、きっと自分もまわりの環境も変わってきます。もっと幸せな人、向上心がある人、いつも元気な人、心穏やかな人が集まってきます。

逆に、人の不幸をよろこんでいると、不幸話や悪口が好きな人が集まってきて、自分の状態は悪くなる一方です。

どうせなら、幸せな蜜をたくさん味わいたいものです。

自分の人生を大切にしている人には
「むやみに群れたりしない」
という特徴があります。
自分の幸せを理解していて
人生の主導権を自分で握っています。
寂しさを紛らわせるために
上辺だけのつき合いを増やしても
決して幸せにはなれないんです。

幸せな蜜を味わいたいとは言っても、自分の幸せは人からいただくものではありません。自分の幸せは自分自身でつかみ取りたいものです。

私がやんちゃな自分を演じていた頃、一緒に群れていた知り合いは１００人規模でいました。かろうじて友達と呼べる存在が多いことが、ステータスのようにも思っていました。

しかし、群れていると、他人軸に引っ張られて自分軸がなくなってしまうんです。群れの中にいる自分は、自分以外の大勢が望む自分の形で、結局、自分がどこを目指そうとしているのか、自分の幸せは何なのか、わからなくなってしまいます。

当時、１００人もいた知り合いで今もつき合いが続いているのは、ほんの２〜３人です。大人になった今、限られた時間のなかで会いたいと思える友達は、そのくらいで十分です。

大人になるということは、人間は本質的に孤独な存在であるということを認識して、自分と向き合い、自分の生きていきたい方向に向かって１人で歩いていくことだと思います。

いくつになっても群れているのは、大人になれていない証拠なのかもしれません。「この人いいな、魅力的だな」と思う人は、自分を確立させていて、周囲に変に媚《こ》びるようなことをしていません。

自分から群れに入っていくのではなく、まわりがその人に魅力を感じて寄ってくることが多いのです。

また、1人でいるということは、時間を自由に使えるということです。単純に、自分が行きたいところに行く、自分が食べたい物を食べに行く、寝たいときに寝る、などというように自由に行動できるだけでなく、自分自身を見つめる機会を増やすこともできます。誰かといると、自分のことをゆっくり考えることはなかなかできませんからね。

自分を大切にして幸せに導いていくために、孤独を恐れる必要はないと思います。

「あのとき、こうしていたら……」
という、たられば思考。
繰り返される後悔。
自己否定という名の一人相撲。
ネガティブな妄想のループを断ち切るには、
目の前にある「幸せ」や
「大事な存在」に感謝すること。

過去の失敗や後悔を思い出して、その出来事をもう1回咀嚼《そしゃく》して、もう1回後悔して、もう1回傷つく……。

こうして私も、過ぎたことを思い出して後悔することがたまにあります。

あっちの学校に進んでいたらどんな仕事を選択していただろう。

学校を卒業したとき、違う進路を選んでいたら今どうなっていただろう。

もっと給料の良い仕事についていたのかな。

大きな家を建てて、優雅な生活をしていたかな。

海外と日本を行ったり来たりするような生活をしていたかもしれない。

勝手な妄想が膨らみます。しかも、かなり良い方向の妄想です。

しかし、そんな良いことばかりではなく、真逆の大変な人生が待っている可能性だってあります。

それでは、今の自分はどうなのかと考えると、妻と子どもがいて、親や親戚といつでも会える距離で生活をしていて、食べ物にも困っていません。けっこう幸せに生きているなと思います。

過去、違う選択をした未来の人生を確認することはできませんし、過去に戻ることも絶対にできません。

人生の岐路に立たされたとき、自分なりに考えて、ときには苦しんで、１本の道を選びました。だから、その選択を後悔する必要なんてないと思っています。

なにより、今、当たり前のように私の前で遊ぶ子どもたちは、あのとき違う道を選んでいたら、絶対に出会うことはなかった存在です。

目の前にいる子どもたちや妻、そしてまわりにあるたくさんの幸せに感謝すれば、過去の後悔なんて減っていくものです。

お金持ちではないけど、
健康で仕事があって生活には困ってないし
家に帰れば大切な家族の笑顔が待っている。
時間を見つけてはサウナに行って
夜はあったかい布団で眠れる。
こんな幸せなことはないと思っています。
平凡な毎日だけど、
個人的には人生優勝しています。

若い頃は、お金を稼げれば良いという感覚でストレスフルな仕事をし、また刺激的な生活を求めてはよくパチンコに行っていました。

けれど、あるときそんな生活は自分が求めているものとは違うと感じて、幸福な人生を追求し始めました。私にとっての幸福な人生に、お金はそれほど必要ではないことがわかったんです。それよりも優先するべきは、仕事や人間関係でのストレスを減らしていくことでした。

そして、生活に困らない程度のお金を得て、ときどきサウナに行きます。サウナ上がりの「チチヤス」のミルクコーヒーは後味がスッキリしていて私好みです。

そんな生活を満喫していたところ、過去のパチンコ仲間に「何が楽しくて生きてるの？」と言われたことがあります。他人から見ると、あまり楽しくなさそうな人生なのかもしれません。けれど、私はこれで十分に幸せなんです。

もちろん、お金は大切ですし、あればあるだけうれしい。けれど、欲しい物を買っても、時間がたつと案外どうでも良くなったりします。

長期的な幸せは、やっぱり豊かな人間関係や小さなことにどれだけ幸せを感じられるかということだと思うのです。

歳を取ると身体と同じように
心も老化します。
何をしても楽しくないのは
心の老化が原因かもしれません。
ときには勇気を出して、
知らない体験に飛び込んでみます。
心の運動不足を解消したいものです。

「歳を取ると時間がたつのが早い」とよく言いますよね。

私自身も、若いときと比べると、1日、1カ月、1年が早く過ぎていくような気がしています。

年齢を重ねると、知識が増え、いろいろなことを精度良く予測できるようになります。たとえ何かに興味を持っても、「こういうのは、結局すぐに飽きちゃうんだよね」「これを買っても、どうせ使わなくなって粗大ゴミになるな」「これはコスパが悪いな」などと考えて、新しいことに手を伸ばさなくなっていきます。

チャレンジしない――。

これは心の老化のサインだと思います。

心が老化して人生の時間が短く感じるようになるのは、悲しいことだとは思いませんか？

だから、好奇心を持つことがあれば、あまり先読みせずにいくつになってもやってみること。それが、心の老化予防に繋がるのではないかと思います。

私は、今、バイクの中型免許を取ることを計画しています。

本当はもっと若いときからバイクに乗りたかったのですが、「バイクで事故を起こしたら危ないよな」「車とバイクの2台持ちは維持費がかかるなあ」などと、余計な心配をして躊躇《ちゅうちょ》していたのです。

でも、この先バイクの免許を取って、バイクを買って、バイクに乗る、という一連の行動に対するバイタリティー自体、どんどん下がっていくはずです。免許を取ることに対する躊躇の度合いは、歳を取れば取るほど大きくなっていくでしょう。

だから、もっと歳を取ったときに「やっぱりやっておけば良かった」と後悔しないようにするためにも、挑戦してみようと思います。

ちなみに、私は一時期、電動のキックボードも欲しいなと考えていたときがあるのですが、それはやめておきました。すぐ飽きてしまう気がしたからです。

「それが心の老化でしょ?」

「興味があるならやってみるべきだよ」

と言う声も聞こえてきそうな気もしますが、そこは大人としての成長と捉えています。

好奇心や欲しい物にやみくもに手を出すのではなく、1カ月くらい考えてみて、「やっぱりやってみたい」と思うならやってみる。「もうこんな歳だから……」「お金がかかるだけだから……」とあきらめるのが心の老化だと思います。

本当はやりたいのに、必要がないからやらないのか、それとも大人になったからあきらめているのか――。

よく精査して、心の老化予防に繋がるものには積極的に挑戦したいものです。

「楽しみは老後に取っておこう」は危険。
〝いつか〟のために
苦痛を重ねて我慢していると
〝いつか〟が存在しなかったときに
悲劇は生まれます。
目標のために努力するなら、
振り返ったときに
「幸せな人生だったな」
と思いたいですね。

心の老化予防に心掛けていたとしても、身体の老化には抗《あらが》えないものです。

介護の仕事をしている私は、日々、高齢の方と接しています。わりと健康的な生活をしてきても、高齢になって身体の自由がきかなくなってきた方はたくさんいらっしゃいます。

なかには、中年と言われる年齢の頃に命にかかわるような病気をして、その後、体の麻痺と長くつき合いながら生きてきた方もいらっしゃいます。

そしてどんなに高齢になっても、自分の身体が思う通りに動かないことにはもどかしさを感じるようです。介護者の私に、「こんなことしてもらってごめんね」といつも言ってくれる優しいおじいちゃん、おばあちゃんも多いのです。


病気をしたり歳を取ったりして、身体が動かくなくなるのは仕方のないことです。

誰しも遅かれ早かれ、同じように老いていきます。もしかしたら、もっともっと若いうちに病気や事故で自由に身体を動かせなくなる可能性だってあります。

気づいたときには、興味や好奇心、何かやってみたいという欲求自体が失われているかもしれません。

それなのに、若くて元気な今、「老後のために」と我慢して仕事ばかり、貯金ばかりしているのは、幸せな人生の歩み方ではないような気がするのです。

やっと仕事や子育てを終えて自由な時間を手に入れたとたん、身体が不自由になったり亡くなったりしたら、「ずっとつらいだけだった」という記憶しか残らなくなってしまいますよね。

もちろん、人生には努力したり我慢したりしなければならないときはありますし、長期的な資産を蓄えておくことも必要でしょう。

けれど、楽しみは毎日積み重ねていくものです。

「今日も明日も明後日も、今も楽しい」を積み重ねていくことで、人生の最期、「最高に楽しい人生だった」と思えるような気がします。

第 5 章

根暗なりにも、暗い世の中に物申したいことがある。「正論」を言うときは用法用量を守ろう。

正論は「用法用量」を間違えると
人を思った以上に傷つけてしまうので
取り扱いには十分な注意が必要です。
　正しいことを言うときは
相手の精神状態に配慮しつつ
少し控えめな表現で伝えること。
正論というのは常に正しいものですが
　人を傷つける凶器に変化すると
それは正しくない行為に変わってしまいます。

ある朝、突然子どもが泣きながら「学校に行きたくない」と言い出したときの、親の対応はなかなか難しいと思います。

「学校に行く」のは正しいこと。しかし、何かしらの理由があって「学校に行きたくない」と思っている子どもに、「学校に行きなさい！」と厳しく言えば、子どもはますます殻に閉じこもってしまい、もっと学校に行けなくなるかもしれません。

これが、「正論」が凶器になる1つの例です。

私たちは、心が強い状態のときなら「正論」をある程度受け止めることができます。しかし、心が弱っている状態のときには、「正論」なんて受け止められないどころか、深く傷つき痛みを伴うこともあります。まるで大きくて硬い石を投げつけられているような感じです。

「正論」なんだから、それを受け止められないのは「甘え」だと言う人がいるかもしれません。それもまた「正論」なのかもしれません。

しかし、考えてみれば「正論」は相手を変えようとしている行為です。背中を無理やり押しているようなもの。

だから、相手が変わろうとしていないのに「正論」を言い続けても、ガンガン体当たりしてぶつかっているだけだと思うのです。相手が変化したいという気持ちなんて生み出すことはできません。

まずは、相手の心にエネルギーを溜めてあげて、自発的に変わろうと思えるようになるまで待ってほしいのです。もしも心が弱い状態の相手に「正論」を言うとしたら、オブラートに包んで相手が受け取りやすい形で伝えるべきだと思います。

また、「正論」をぶつけないということは、良い意味で「期待を手放す」ことでもあると思います。

学校に行きたくないと言う子どもには、早く学校に行けるようになってほしいと期待しますが、学校に行けなくて子ども自身が悩んだり苦しんだりすることもきっと大切なことです。

「学校に行く」という期待はしばしし手放して、本人を信頼して見守ってあげたほうが良いような気がします。

「正論」は、相手の状況も考えながら、上手に使ってください。

私も、「正論」をぶつけたせいで相手にネガティブな感情を抱かれたくないな、放っておこうかなと思うこともあります。しかし、そうは言ってられないときももちろんあります。

そんなときは、相手がどんなタイプかを見て、注意するようにしています。

メンタルが弱そうな人なら、注意は1日3回までにして、やわらかい口調を心掛けます。

プライドが高そうな人に注意をするなら、相手の自尊心に対して最大限の配慮をしたうえで、オブラートに包んでこっそり伝えます。

同じ病気になったとしても、その人の年齢、体質や状況、ほかの病気を持っているかいないかなどで処方される薬や量は違うはずです。薬の「用法用量」を間違えば、逆に具合が悪くなることだってあるでしょう。

間違いを指摘するときにも、相手の精神状況や性格によって内容や伝え方を変えるべきだと思います。

大人になって気がついたのは
大人というのはそんなに大人ではなくて
いつまでも「大人を装った子ども」だということ。
精神年齢が高い人というのは
大人のふりがうまい人のことだと思っています。

たくさんの経験を積んで、多くの知識や価値観を身につけ、理性もきちんと働くのが大人です。

けれど、内面は子どものままだなと思うときはありませんか？

子どもの頃に興味があったことや好きだったことは、大人になってもやっぱり好きなままだなと思いませんか？

私は、夏に子どもとよく虫取りに行きます。まわりからは子どもの情操教育のように見えるかもしれませんが、案外、自分自身が虫取りを楽しんでいるのです。

むしろ、子どものときよりも知恵がついている分、効率的な虫取り方法を調べ、高度な取り方を実践して、より一層ワクワクしています。

まわりから見ればしっかりした大人でも、心の中はみんな子ども。

真面目に仕事をしているようでも、心の中はやっぱり子ども。

みんな、大人のふりをして社会を回しているような気がするのです。

私は、今はストレスがほとんどない職場で働いていますが、それでも「仕事に行くのが面倒くさいなぁ」と思うときもあります。「子どもだったら仕事なんてしなくていいのに……」という気持ちも意識の深いところにあるのかもしれません。

しかし、大人なので、仕事には行かなくてはなりません。

そんなとき私は、「ショートコント社会人」と心の中で呟いて、大人モードに切り替えてから、社会人を演じながら仕事に行くようにしています。

もっともらしい公約を掲げる政治家も、大きなお金を動かす銀行員も、小難しいことを延々と話す学者も、ちゃんとしているようで、ちゃんとしていない。子どものままの心をきっとたくさん持っているはず。

だから、人生、そんなに難しく考える必要はないと思うのです。

ちょっと嫌なことがあれば、「人生は長いコントのようなもの」だと思って、大人の自分を演じてみるだけで、ほどほどに乗り切れるかもしれませんね。

人を傷つけるような発言をしておきながら
「は？　ただの冗談じゃん」
そんなふうに傷つけられた側を
「心が狭くて冗談の通じないやつ」に
仕立て上げようとする人がいますが、
傷つけた時点で必要なのは
「ごめんなさい」という謝罪の言葉であって
「冗談でした」ですべてを済まそうとするのは
卑怯《ひきょう》な人間のやり口だと思っています。

冗談はその場にいるみんなの心も顔も笑っていてこそ成立するものです。まわりの誰も笑っていないどころか、冗談を言われている本人が笑っていなかったら、それは冗談ではありません。

だから、冗談を言った側が「今のは冗談だよ」とごまかしたり、相手が冗談を受け取れない人だというニュアンスのことを言ったりするのは、かなりの矛盾をはらんでいることになります。

最近、いろいろなハラスメントがありますが、結局、受け取る側がどう思うかが問題です。セクハラをした側が「セクハラはしていない」と言っても、された側が「セクハラをされた」と感じる行為だったら、それはもうセクハラですよね。

冗談もこのハラスメントとまったく同じです。冗談を言った側は、相手が笑っていなかったら、すぐに謝ってください。

ただ……、「は？　ただの冗談じゃん」と言う人の多くは、そもそも人に謝ることができないような人なので、とても残念でなりません。

一度口から放ってしまった言葉は
二度と口の中に戻ることはありません。
「イライラしているとき」はもちろんですが
「ノリノリなとき」もできる限り意識して
口数は減らしたほうがいいです。
心の状態が良くも悪くも異常なときに口にした
〝余計な一言〟が大切な人との繋がりを
一瞬で粉々にすることだってあり得ます。

良くも悪くも感情が高ぶっているときは、あまりペラペラとしゃべらないほうが良いような気がします。

「勝って兜《かぶと》の緒を締めよ」ということわざがありますが、とくに絶好調のときにこそ要注意です。絶好調のときというのは、つい〝やらかしてしまう〟ことがあります。

私が感じているのは、賢い人は良かったことや恵まれていることをあまり人に話さないなということです。話すことのメリットはあまりなく、むしろ妬《ねた》まれかねないからだと思います。その人にとっての〝良い話〟というのは、たんなる〝自慢話〟でしかないのです。

そんな賢い人の立ち回りを見て、私も自分が調子が良いときほど、謙虚になるように心掛けるようにしています。調子が良いときにやらかすと、気分や調子が急降下しますからね。

心の中で「幸せだな」と思って、なるべく謙虚に過ごす。そうすることで、調子の良い状態をキープできるような気がしています。

言ってやらないと気が済まないことは
言わずに済ませたほうがいいです。
感情に任せた発言は
良くない結果を生んでしまう場合がほとんど。
謝っても口から出た言葉は
口には戻りません。

イライラ、ムカムカしてきて、「こいつにだけはガツンと言ってやらないと気が済まない！」というようなことがあります。しかし、「気が済まない！」と思うのは、かなり感情的になっている証拠です。その感情のままに言ってしまうと後悔するケースは少なくありません。

政治家が失言をした後に、「発言を撤回します」とか、「誤解を招くような表現をしました」とか、なんだかよくわからない言い訳をしていることがありますよね。すでに大勢の人の前で、口から出してしまった言葉をどうやってなかったことにするのか、本当に意味不明です。

そもそも、失言は本音がポロッと出ちゃったもの。発言をなかったことにすることはできませんし、「ゴメンナサイ」と謝ったところで、もう本音はバレています。

腹が立ったり、よろこんだり、悲しんだり、感情のコントロールが難しい、そんなときこそ口から出る言葉をきちんと〝選択〟すること。

グッと飲み込んだ言葉は、後で冷静になって考えたときに、「ああ、言わなくて良かった」と思うものが大半です。

人の悪口ばかり言っている人は
心が満たされない日々を過ごしている
「暇人」だと自己紹介しているだけなので、
相手にする必要はありません。
自分の人生に没頭していて
充実した日々を送っている人に
他人の粗探しをするような
暇がある訳がないんです。

「Aさんって、いつも愛想良く振る舞っているけれど、本当はすごく意地悪なんですよぉ〜」

私にこんなことを言ってきたBさんがいたとします。

私は、Aさんのことをよく知らないので、その情報が事実かどうかはわかりません。だから、そんなことを聞かされても、Aさんのことを悪い人だと決めつけることはできません。

むしろ、Aさんの評価を下げようとしているBさんに対する評価を私はどんどん下げていくと思います。

幸せな毎日を過ごしている人は、人のことなんてそんなに気にならないし、人の悪口を言う暇なんてありません。

人の悪口を言う人は、じつはその人自身が不幸で暇人、ちょっと品がない人間だと思うようにしています。

私が「しろねこ」としてSNSを開始した1〜2年目は、アンチのフォロワーも目につきました。「しろねこ」のことが嫌いなのに、投稿の内容を逐一チェックしているのが不思議でした。なかには、一度ブロックしたにもかかわらず、新しいアカウントを作成して再びフォローしてきてアンチ活動を始める人すらいました。

私は、「嫌いな人の投稿をチェックし続けるなんて、本当に暇人だなあ」と思って、あまり気にしないようにしていましたし、「私」じゃなくて「しろねこ」が攻撃されている、「しろねこ」がアンチ活動を受け止めていると思っているので、「私」はダメージを受けてなどいません。

アンチの人をいちいち相手にする時間はありませんから、その分、自分が幸せだと思える毎日を忙しく過ごすようにしましょう。

ちなみに、「しろねこ」のアンチだった人は、あんなにも「しろねこ」を追いかけてくれていたということは、裏を返せば「しろねこ」の熱烈なファンだったのかもしれませんね。

悪口や陰口を言われる原因のほとんどは
嫉妬なので気にしなくていいんです。
何を言われたとしても
あなたが羨ましがられる
その魅力が失われるわけではありません。

とくに悪いことをしていないのに、自分の悪口や陰口を言っている人がいたら、「ああ、自分に嫉妬しているんだな」と思うようにしています。

草原で優雅に過ごしている大きなゾウにとって、小さなアリは嫉妬の対象にはならないはずです。たとえ、足元に1000匹のアリがいて、ワーワー騒いでいたとしてもゾウは何も気にならないと思います。

逆にアリも、自分たちの何倍あるかわからないほど大きなゾウのことなんて、気にならないでしょう。

これはゾウとアリの存在があまりにも違いすぎるからです。

一方で、ちょっと似た類のウマとシマウマだったらどうでしょうか？　ここには互いに嫉妬心が生まれるかもしれません。

シマウマを見たウマは、「あいつのゼブラ柄、いったいどこで手に入れたんだ」と、なんだかイケてる見た目に嫉妬するかもしれません。

ウマを見たシマウマは、「あいつら人間を背中に乗せて、よく可愛がられやがって」と、その生き方に嫉妬するかもしれません。

ついでに、身体の一部にゼブラ柄をあしらい、シカのようなちょっとした角を持ち、それでいてキリンの仲間だというオカピが、ウマやシマウマの目の前にひょいと現れれば、「なんだ⁉　あいつ、いろんなやつのいいとこどりしやがって！」と、嫉妬で大炎上するかもしれません。

人間の悪口や陰口は、ウマとシマウマのような感じです。あなたの悪口を言う人は、近くにいる存在のあなたをちょっと気にしている、あなたの魅力に気づいていてちょっと羨ましいと思っているのです。

けれど、あなたから見た場合、あなたの悪口を言う相手との関係は、ゾウとアリのはず。悪口を言う人なんかと近い存在でいる必要はありません。

「自分に魅力があることを教えてくれる相手なんだな」くらいに思っておきましょう。

陰口というのは「負け犬の遠吠え」です。
真正面から意見する勇気すらなく
裏でコソコソ足を引っ張ろうとしている時点で
その人があなたに対して一方的に
「敗北宣言」をしているだけ。
本人の気が済むまで一人相撲を
楽しんでもらえばいいと思います。

「悪口」なら相手に面と向かって言うケースもありそうですが、「陰口」となると本人の前で言うものではありません。

本人の前で言えないのは、結局のところ、自分が相手よりも劣っているし負けているから、面と向かって意見する勇気がないということなのでしょう。

陰口は基本的にあなたの耳に入ってくることはないと思いますが、もしも耳に入ってきても放っておいて良いと思います。

もちろん、実害があるのであれば、しっかりやり返したほうが良さそうですが、くだらない陰口の相手をするのもばかばかしいので、やっぱり放置が良いでしょう。

陰口を言われたら、あなたの「不戦勝」です。

陰口を言う人をその場に置き去りにし、自分の道をどんどん追求して、どんどん先へ進んでいきましょう。

「ああ見えて、あの人はいい人だから」
そんなふうに言われても、
こちらが真意を汲み取る努力を
要求されるのも謎ですし、
傷つけられても自分が我慢しないと
関係を維持できないような相手とは
一緒にいたいとは思いません。

〝ああ見える〟ような態度を取っている人は、やっぱり何かしら問題があるのだと思います。本当に「良い人」だったら、「ああ見えて」なんて言う必要はありませんからね。

そして、歳を取れば取るほど内面は外見に表れてくるような気がします。

たとえば、よく笑う人は目尻に笑いジワができていますし、いつも怒っている人は眉間にシワが寄っています。だらしのない人はボヨンとした洋ナシ体型、弱気な人は猫背になっている、などと思われがちです。

もちろん一概には言えませんが〝ああ見えて〟がそのまま顔つきや身体に現れてくることは多いのかもしれません。

「ああは見えるけど、じつは……」

そんな見えないところまでわざわざこちらが汲み取る必要はありません。

もし〝ああ見えて〟という人がまわりにいるなら、ある程度距離を取りながらつき合って、かかわらないようにします。これがトラブルに巻き込まれないコツです。

マウントを取ってくる人の裏側にある心理は
「見下されたくない」
「本当は自分に自信がない」
こういった強い劣等感です。
周囲の存在を勝手に脅威と捉えて
自分を大きく見せようとする姿は
エリマキトカゲに酷似しています。
もしもそういう人に遭遇したら
「この人、エリマキってんな〜」
と心の中で呟いて哀れみの目で見つめましょう。

エリマキトカゲがエリマキを広げてバタバタと走る姿はなんだか滑稽《こっけい》で可愛らしくも見えます。エリマキを広げる理由は、相手を威嚇《いかく》するためだそうです。それでも相手がひるまなかったら、すたこらさっさと走って逃げるそうです。

つまり、エリマキトカゲは自然界ではさほど強い存在ではないのでしょう。

人間界でも、本当に強い人は、相手を威嚇するような態度を取らない気がします。本当に実績や実力がある人は、人を見下すようなことはせず、人に対して丁寧に接している印象があります。

もしも、その実績や実力をひけらかすようなことをすれば、相手を委縮《いしゅく》させてしまうし、嫉妬のいい対象になることもわかっているのかもしれません。

まさに「能ある鷹は爪を隠す」です。

一方で、爪をむき出しにしてくる人って、やっぱり能がないんでしょうね。マウントを取って、みんなからの嫉妬を欲しがっているようにすら感じます。

きっと、アリ1000匹に囲まれたカマキリのような感じでしょうか？

ゾウくらい大きくて強くて自分に自信があれば、アリ1000匹ごときにたじろぎませんが、カマキリくらいだとやっぱり1000匹のアリの集団に対して平静でいられそうもありません。

そういえば、カマキリもエリマキトカゲみたいに威嚇のポーズをよく取ってきますね。

とにかく、人間界でくだらない威嚇のポーズを取ってくる人なんて、たいした強さを持っていないと思います。

笑っているからといって
傷ついていないとは限らないし
「大丈夫」と言っているからといって
大丈夫だとは限りません。
想像力の欠如から生み出される
無神経な態度や言動は
いつだって人を傷つけていきます。

口から出た言葉なんて、本当に思っていることかどうかわからないものです。表情だって、気持ちと裏腹なときはたくさんあると思います。

大丈夫じゃなくても「大丈夫」と言えるし、悲しくても「楽しい」と言えます。泣きそうなくらいつらくても笑えるし、腹が立っていても平静さを装うことはできます。

そもそも大丈夫じゃなさそうな人に「大丈夫?」と聞いて、「大丈夫」という答えが返ってきた時点で大丈夫じゃないと思うんです。

私がブラックな会社に勤めていたときは、毎朝、「大丈夫、大丈夫。会社に行ったからって殺されるわけじゃない、大丈夫」と自分に言い聞かせながら出勤していました。

けれど、今の私はつらい思いや苦しい思いをしていないので、「大丈夫、大丈夫」なんて言い聞かせません。

もし、誰かに「大丈夫?」と聞かれたら、「え? 何が?」と答えるでしょう。全然大丈夫だから、「大丈夫?」と聞かれた理由にピンとこないのです。

この人、大丈夫じゃなさそうだなと思えば、大丈夫じゃないのかもしれません。人からバカにされて笑っていても、心の中で泣いているかもしれません。

つまり、人間関係には想像力が大切なんです。ちょっとした想像力があれば、人を傷つけるようなことは少なくなると思います。

もちろん、価値観や尺度は人それぞれなので、相手の気持ちも自分の経験を元にした想像しかできません。だから、人の心の痛みに100％正確に気づくことは無理だと思います。

けれど、繊細でつらい思いを経験したことがある人なら、心の痛みを精度高く察知して、きっと人に優しくできるはずです。

つらい経験をしたことがなくて、人のつらい気持ちを理解できない人は、少しでも想像力を鍛えて、相手の気持ちに配慮した発言を心掛けてほしいと思います。

「いじめられる側にも問題がある」
こんな意見を聞いたことがありますが、
いじめる側が自分の行動を正当化するために
「理由」を後づけしていると思っています。
たとえターゲットにされやすい
「要因」があったとしても
それがいじめをしてもいい理由には
ならないはずです。
いじめはする側が１００％悪いのです。
これは誰がなんと言おうと間違いありません。

正直、いじめられる側にまったく問題がないとも言い切れないのかもしれません。もしかしたら、人の悪口ばかり言っていたり、人の物を取ったり、そんな悪いケースもあるのかもしれません。

でもだからと言って、人をいじめて良い理由にはなりません。

1人に対して集団で嫌がらせをした時点で、集団のほうが100%「悪」なんです。集団で1人をいじめるやり方なんて、あきらかに間違っています。

もし、悪いところを直してほしいなら、普通に注意すれば良いだけ。どうしても嫌いなら相手にしなければい良いし、かかわらなければ良いだけの話です。

逆に、今、いじめられてつらい立場にいるなら「自分が悪い」と思わないでもらいたいです。それは、あなたをいじめる集団が100%悪いからです。

自分にも悪いところがあると思うなら、そこを直せば良いと思います。

どんな理由があろうと、いじめはやめてください。

精神的に弱っている相手が
やっとの想いで吐き出した弱音を
「つらいのはみんな一緒だよ」
こんな一言で突き放してはいけません。
同じような出来事を体験したとしても
痛みの感じ方は人それぞれ。
苦しんでいるときに必要なのは
「正論」や「拒絶」ではなく
「共感」と「受容」なんです。

たとえば、朝から何も食べていなくて、お腹がペコペコの状態だったとします。そして、「めっちゃお腹が空いて、倒れそう〜」と誰かに話したとします。その返答として、「世界には、飢餓《きが》に苦しんでいる子どもたちがたくさんいるんですよ。あなたなんかよりもっともっとお腹を空かせているんです」などと言われても、唖然とするだけですよね。

ごもっともな意見なのですが、自分のお腹がペコペコなことも事実です。「もっとお腹が空いている子どもがいるよ」と言われても、自分のお腹が満たされることは絶対にありません。

他人との比較ではなく、その人の気持ちに共感して受容してあげることが大切だと思います。

また、つらさや苦しさを感じる度合いも人それぞれです。

たとえば、「お母さんが亡くなった」という事象があったとしても、お母さんが亡くなったことに対しての感じ方は人によって違います。

お母さんに愛情深く育てられてきた人なのか、ネグレクト気味に育てられた人なのか。お母さんが亡くなるまでにどんな状態だったのか。そして、その人とお母さんとの間にどんなバックグラウンドがあったのかで、お母さんの死に対する感じ方は変わってくるはずです。

「つらい」「苦しい」という感情の度合いは、傍から見てもわからない、比べようがないものなのです。

相手がつらそうにしていたり、悩みを相談してきたりしたときには、相手の本当のつらさの度合いはわからないとは言え、できる限りその気持ちを想像してみることが大切だと思います。

相手がどん底の状態なのにうっかり「正論」を投げかけてしまったら、相手の苦しみは軽減されないどころか、もっとボロボロになりかねません。

そういう意味では、「ＥＱ」の高さが重要であるとも思います。「ＥＱ」は心の知能指数のこと。まわりの状況や感情を察知して、上手に対応できる能力です。ちなみに、「ＩＱ」はご存じの通り、いわゆる頭の良さを表す知能指数です。

社会で成功している人、円滑な人間関係を構築している人は、この「ＥＱ」が高い人が多いような気がします。

私には、「社長」として仕事をしている友達や知人が何人かいます。言い方はちょっと悪いかもしれませんが、彼らはずば抜けて頭が良いというわけではないけれど、立派に成功を収めています。

彼らに共通しているのは、人に好かれやすく、まわりに人が集まってくるタイプだということ。何かの能力に長けた人と手を組み、自分が苦手な部分をフォローしてもらうことができる人たちです。周囲との関係を円滑にすることで、事業をうまく回していることがわかります。

人間は、社会的な動物です。やはり「EQ」の高さは社会で心地よく生きていくために大切なのだと思います。

人がつらい思いをしているときに、その気持ちに寄り添ってあげられる「EQ」の高い人間でありたいものですね。

「この人には何を言っても無駄だな」
そんなふうに思われたときに
人の心は完全に離れていくものです。
相手の行動や言動に対して
心の底から呆《あき》れ返ってしまい
なんの感情も湧き上がらなくなった先には
「さようなら」以外の
選択肢は残されていません。

どうしてもわかってもらえない、わかり合えない人はいるものです。そんなとき、地球人と宇宙人くらい住む世界がまったく違うんだな、とあきらめると良いことをすでにお伝えしました。

とはいえ、腹が立ってもイライラしても、相手に何かしらの感情を持っているうちは、つき合いを続ける余地がまだ残されているのかもしれません。つまり、「宇宙人なのか」と思うならまだマシということです。なんの感情も湧かなくなったら、おしまいです。

ちなみに、良い意味で人と自分は違うのだなと思うことがあります。私の場合、その存在は「妻」です。

私の妻は金木犀《きんもくせい》が大好きです。金木犀の香りを嗅ぐだけで幸せな気分になるそうです。花の香りだけでそれほどの幸福感を得られるなんて、ちょっと楽観的で羨ましいと思ってしまいます。

けれど、妻も自分とは違うんだと〝良い意味であきらめて〟一緒に過ごしていると、私も幸せな気持ちになってくるのです。

「言わなくても察してほしい」
そんな期待を他人に抱くのは
やめたほうがいいです。

世の中の大半の人はエスパーではないので
想いを言葉にする努力を
自分自身が怠っているにもかかわらず、
「なんでわかってくれないんだ」と
相手に怒りをぶつけるのは理不尽です。

私自身、あまりおしゃべりをするほうではありませんし、いちいち説明するのも面倒なタイプです。そのため、つい最近まで、「このくらい察してほしい」「そのくらいわかるでしょ」と思いがちでした。

けれど、やっぱり自分と周囲の人とは、感じ方や考え方が同じではないんですよね。自分だったら察してあげられることであっても、相手も同じように自分のことを察してくれるとは限りません。


たとえば、自宅のリビングでテレビを観て楽しんでいるとき、パートナーがせっせと家事をやっていることに気づいたら、あなたはどんなふうに思いますか？

私の場合、「あ、自分だけのんびりしててちょっと悪いな。なんかやろう」と思います。しかし、何も感じずに目の前のテレビを全力で楽しめる人もなかにはいると思います。

別に、どちらが正しくて、どちらが間違っているということではありません。

そして、逆に自分ばかりが家事をしていて、相手に何も言わずに勝手にイライラするのもちょっと違うと思うのです。

イライラする前に、「あれ、やっておいてくれる?」と言えば良いだけです。相手がまったくやってくれないならイライラもしますが、それなりのタイミングでしっかり動いてくれるなら、それで問題ありません。

「察してほしい」は、こちら側が気持ちを伝える努力を怠っているだけ、言葉にするのを面倒くさがっているだけだと思います。

何も伝えていないのに、気持ちをわかってくれない相手を責めるのは間違いです。ましてや、イライラして横柄な態度を取ったり、不機嫌になったりするのはもってのほか。伝えるべき気持ちはきちんと言葉にしたほうが、物事はスムーズに進むし、自分もイライラすることはなくなると思います。

人間同士である以上
人の好き嫌いがあるのは当たり前だけど、
それを感じさせない配慮ができるのが
精神的にも成熟した大人です。

好きだろうが嫌いだろうが、それを表情に出すことなく、どんな人にもフラットな対応ができる人は大人だと思います。

嫌いな人とはつき合いたくはないものですが、露骨に「嫌いです」というような態度を表に出すと、その相手も嫌な気分になるでしょうし、その気分のままあなたに対してもっと嫌な態度を取ってくるようになるでしょう。つまり、むやみに敵を増やすことになります。

そもそも、陰キャの私たちが「嫌だな」と思う人たちは、こちら側が態度にさえ出さなければ、「この人に嫌われている」と察することはないタイプが多いと思うのです。だから、ある意味、そっとしておけば良いような気がします。

とはいえ、嫌いな人が職場にいる場合は、ある程度つき合っていかなければなりません。ただ、プライベートとなると、嫌いな相手にわざわざ笑顔を向けたり、つき合ったりするのもちょっと面倒なので、そんなときは〝無関心〟を徹底するのが良いと思います。

自分は自分らしく振る舞って、相手には徹底的に〝無関心〟で接する。相手が自分を嫌って自ら去っていくなら、それはそれでまったく問題ありません。去る者追わずでＯＫです。

仕事上のつき合いであれば、「嫌いです」を表情に出さずフラットにつき合っていくのが大人のスキル。

プライベートなら、ちょっと〝無関心〟を装って、嫌われる勇気を発動するのが陰キャのスキル。

なるべく敵はつくらないように、でも嫌いな人とは距離を置いて過ごすことが生きやすさの秘訣だと思います。

人というのは不思議なもので
身近にいる大切にすべき人をないがしろにして
なぜか距離がある関係性の薄い人を
大切にしようとすることがあります。
いつでも会える人は
いつまでも会える人ではありません。
あなたのすぐそばにいる一番大切な人を
一番大事にしてあげてください。

一時期、オンラインゲームにはまり、オンライン上でゲームをするだけの仲間と毎日毎日やり取りをしていたときがありました。

けれど、そのとき、私はすでに結婚していました。一番身近で一番大切にしなければいけない家族がいるのに、オンラインゲームの仲間と過ごす時間がどんどん増えていったのです。

薄い繋がりのオンライン上の仲間とは、頻繁にやり取りをする努力をしなければ、その関係を繋ぎとめておけない、関係が終わってしまうような気がしていたのだと思います。いわゆる「情報的死別」を恐れていたのです。

なぜか会社の同僚からの飲み会の誘いを断れない、休日を返上して上司とゴルフに行ってしまう……といったことをしている人も少なくないでしょう。

いつも一緒にいる家族、すぐに連絡を取り合える祖父母や両親、いつでも会える友達――。

とても身近で信頼関係が構築されているからこそ、会わない時間が増えたりちょっと雑に扱ったりしても、許してくれるような気がするのかもしれません。しかし、そんな考えは甘えです。

家族や友達だって、いつもいつでもいつまでも会える存在ではありません。

いつでも会えるからと雑に扱って、ある日、突然亡くなってしまったら？　そのときに「もっと大切にしておけば良かった……」と後悔してもどうにもなりません。

どうか優先順位を見誤らないでください。あなたにとって大切な人に時間と労力を最も多く割くべきです。

「みんなと仲良くしないといけない」は幻想。
価値観のズレによる違和感を押し殺し
「いい関係を築かねば」と頑張った結果、
ストレスを感じるような相手に
好かれてしまったら本末転倒。
生きやすい環境を手に入れるには
そういう相手とは必要以上にかかわらず、
近づかないことが大切です。

勝～ってうれしいはないちもんめ
負け～てくやしいはないちもんめ
あの子がほしい、あの子じゃわからん
この子がほしい、この子じゃわからん
相談しよう、そうしよう

小学校のとき、「はないちもんめ」が始まると、私は本当に苦痛でした。たくさんの友達をつくることが苦手だった私にとって、はないちもんめは、「自分の名前が呼ばれなかったらどうしよう……」「仲がいい友達がいないから、自分のことを欲しがる人なんていないかも……」と、不安にさせられる遊びだったのです。

なにしろ、小学校の先生は「みんなと仲良くしましょう」と当たり前に言っていたので、友達をなかなかつくれないことがまるで〝悪〟のような感じがしていました。

けれど、大人になると「みんなと仲良く」する必要はなくて、好きな人間、仲良くなる人間を自分の裁量で選べることがわかり、とても生きやすくなりました。

友達の数がその人の人間性や魅力を左右するものではありませんよね。

「昔悪かった人」が迷惑をかけたり
人を傷つけた過去を反省して
更生すること自体は
良いことだとは思うんですが、
「最初からいい人」以上に
評価されることがあるのは
それはなんか違うよなと思うんですよね。

「こう見えて、昔、かなり〝やんちゃ〟やってました！」

こんなふうに、今と昔のギャップを笑いながらアピールしてくる人がたまにいます。

今はバリバリの営業マンだったり、自分で事業を起こして何人もの従業員を雇ったりして、しっかり社会人をやっていると、なぜだか過去の悪行まで名誉めいたものになって、とても〝立派な人〟として見えるようなふしがあります。

けれど、過去に人を傷つけたことがあるなら、それは何年たっても悪いことでしかありません。傷つけられた人は、今も心や身体に傷を負ったまま生きているかもしれません。それなのに、まるで勲章《くんしょう》か何かのように悪かった時代の昔話をするなんて、理解ができません。

きっとその人は、過去の悪行について、未だに反省なんかしていないのではないかとさえ思ってしまいます。

もし、「あの頃、ひどいことをした」という思いが本当にあるなら、恥ずかしくて人前では話せないと思います。

そして、おそらく学校の先生たちも悪かった生徒のほうがいつまでも記憶に残っているものかもしれません。更生したそんな生徒が同窓会で人懐っこく話しかけてこようものなら、〝可愛い教え子〟なんて思うのでしょうね。マイナスからプラスへの振り幅が大きいからでしょう。

その点、地味でおとなしくて誰のことも傷つけていないような人たちは、先生の記憶にはほとんど残らないのだと思います。

けれど、本当に〝立派〟で褒められるべき存在は、昔やんちゃをやっていた人ではなくて、今も昔も地味だったとしても、真面目で誠実で優しい人たちのほうです。

これからも目立ちたくないし、あまり人づき合いも得意にはなれないかもしれませんが、そんなキャラクターに自信と誇りを持って生きてほしいと思います。

おわりに

「しろねこさんのポストを見て涙が出てきました」
「今、欲しかった言葉です」

こんなメッセージをいただくと、しろねこの経験や言葉が、ささやかでも誰かの支えになっているのだと、毎日の言葉づくりの励みになっています。

ただ、私が投稿している言葉は、本来〝当たり前〟の考え方だと思います。けれど、つらくて苦しい思いをしているときには、その〝当たり前〟がわからなくなってしまうものです。

私自身も、とくにブラックな会社で働いていたときは、〝当たり前〟のことなんていう考えにはまったく及びませんでした。

いろんな経験をして、いろんなことを考えて、今では〝当たり前〟は定着し、とても生きやすくなりました。

だからこそ、過去の私のように生きづらさを抱えている人がいるなら、私のこの経験と感覚を届けたいという想いでX（旧Twitter）の投稿を続けてきました。

そして、もっと多くの人に、しろねこの言葉を形にして届けたい、そのためにしろねこの言葉をまとめた本を出版したいという目標も持つようになりました。そんなとき、Xのダイレクトメッセージに「出版してみませんか」という連絡が届いたのです。

本を制作するには、今の穏やかな生活に、新しい人とのかかわりや時間、労力を加える必要があります。

今、とても幸せに暮らしてる私ですが、根暗であまり人と話すことが得意でないことに変わりはありません。だから、担当編集の方との打ち合わせはすべてオンライン、画面上でも顔や本名も出したり出さなかったり……。

けれど、言葉をつくったときの出来事を1つ1つ思い出しながら、またフォロワーの方々のコメントも心に留めながら、丁寧に本書の制作を進めていきました。

そうして、しろねこの陰キャのための戦略は一冊にまとまりました。

根暗や陰キャなんて言われても、夢や目標は達成できます。ありのままの自分に誇りを持って、幸せに生きていけるんです。

人間関係を楽にする言葉、心の健康を守る言葉、生きやすさを取り戻す言葉など、これからはフォロワーや読者のみなさんとも一緒に学んでいきたいと思っています。

どうぞ末永く、「しろねこ」をよろしくお願いします。

しろねこ

2024年9月

【著者プロフィール】

しろねこ

自称「根暗なネコ」。「陰キャの処世術」と称して、X（旧 Twitter）にて人間関係や心の健康について発信をしている。フォロワー数は約８万人。物心つく前から暗い子で、まわりに馴染むことができず友だちもほとんどいない幼少期を過ごす。社会人になってからは超ブラック企業で長時間労働を強いられ、人格否定や罵声を浴びせ続けられる。精神的に病んでいた時期を乗り越えたことをきっかけに、自分を消耗させない人間関係を築くための知識、心の健康を保つための考え方を発信するようになる。「ありのままの自分でありながら社会生活に支障をきたさず、心穏やかに生きていくこと」がモットー。

X（旧 Twitter）：@sironeko_mind

あんなに可愛い猫ですら嫌う人がいるのに
みんなから好かれようなんて不可能です。

2024年9月3日　　初版発行

著　者　しろねこ
発行者　太田　宏
発行所　フォレスト出版株式会社
〒162-0824 東京都新宿区揚場町2-18 白宝ビル7F
電話　03-5229-5750（営業）
　　　03-5229-5757（編集）
URL　http://www.forestpub.co.jp

印刷・製本　中央精版印刷株式会社

ISBN978-4-86680-287-9　Printed in Japan

『あんなに可愛い猫ですら嫌う人がいるのに
みんなから好かれようなんて不可能です。』

特別無料プレゼント

ポストカード印刷用 pdf ファイル

＼＼ 大切な人への贈り物にも使える //

印刷用

しろねこのポストカード

本書で掲載している著者・しろねこの言葉をいくつかまとめたデータを、ポストカードサイズでご用意いたしました。ぜひ心に残った言葉をダウンロードして、印刷してご利用ください。大切な人への贈り物に添えてみるのもおすすめです。

無料プレゼントはこちらからダウンロードしてください

https://frstp.jp/shironeko

※特別プレゼントは Webで公開するものであり、小冊子・DVDなどをお送りするものではありません。
※上記無料プレゼントのご提供は予告なく終了となる場合がございます。あらかじめご了承ください。